哈佛大學

Harvard

口才課大公開

一句關鍵話決勝於無形

梁山水—著

哈佛大學口才課大公開

Contents 目錄

前言／7

第1課
溝通的訣竅：把話說到對方心裡去／11

提問是打開「話匣子」的鑰匙／13
多兜圈子說話，才能少碰釘子／19
話題卡住了不用怕，但嚴禁繼續糾纏／21
用「我們」把彼此聯繫在一起／23
有意見要說，更要學會巧妙地說／26
掌握好說好話的時機／29
顧左右而言他，「岔換」尷尬話題／33

第2課
說服的藝術：動之以情曉之以理／37

若要實現大目標，不妨先提小要求／39
越想推廣傳播，越要閉口不說／42
曲言婉至，迂迴靠近／46
破釜沉舟，「絕望」進攻／49
一開始就讓對方說「是」／51
溫水煮青蛙，讓對方難以脫逃／53
如何提高自己的說服力／58

第3課 讚美的技巧：精誠所至金石為開／63
端正心態，讚美不同於「拍馬屁」／65
讚美別人不被關注的地方／69
當面恭維，不如背後誇獎／72
讚美有度，嚴禁陳詞濫調／75
俏皮一點，讚美貴在自然／78
記住他的名字，是對他巧妙的讚美／80
不忽略身邊每一件值得讚美的「小」事／85

第4課 幽默的力量：跟任何人都聊得來／89
畫龍點睛，一語驚人／91
說「不」更需要幽默／93
幽默不是惡搞，別賠了夫人又折兵／95
自嘲是解除尷尬的良藥／101
運用幽默進行管理／105
用幽默建立融洽的同事關係／108
掌握幽默的交友技巧／110

哈佛大學口才課大公開

Contents 目錄

第5課 談判的進階：將對方引至你設定的道路／113

在一個良好的氣氛中進行談判／115
怎麼表述才能成功／121
「兵不厭詐」，巧布迷陣／133
如何說服對方接受自己的觀點／136
聲東擊西，以退為進／141
語言、邏輯和心理素質／145
「多聽少說」有利於談判／149

第6課 演講的根本：一句話抓住人心／157

魅力演講，從第一印象開始／159
克服演講的緊張心理／162
讓你的演講簡潔有力／166
真情實感是演講的靈魂／171
演講口才速成法／176
引經據典，畫龍點睛／180
在結尾時昇華／184

第7課　批評的方法：如何讓對方心服口服／189
因人而異，因事而異／191
儘量讓對方講話／197
批評前先讚美對方／202
委婉的批評更有説服力／205
變「害」為「利」，批評的目的是幫助對方／207
掌握有效批評的實用技巧／210
適可而止，見好就收／216

第8課　激勵的動力：每一位員工都需要被鼓舞／219
設置適當的目標，激發下屬的內在動力／221
為員工提供公正公平的競爭舞臺／223
危機激勵法／226
如何正確啟動共同願景／230
適當地運用斥責的方式／235
發火不宜把話説過頭，不能把事做絕／239
比物質更有效的精神激勵／243

哈佛大學口才課大公開

Contents 目錄

第9課 慎言的場合：話到嘴邊繞三圈／245
到什麼山，唱什麼歌／247
信口開河，覆水難收／248
不揭他人之短，不探他人之秘／250
永遠別說「你錯了」／253
與其言而無信，不如別向人承諾／256
多加個「請」字，你絕對不吃虧／260
要打動別人，必須先感動自己／263

第10課 傾聽的魅力：讓你決勝於無形／265
說得越多，瞭解別人的機會就越少／267
世界上不可能有「感同身受」這回事／269
最好不插嘴，即便插嘴也要講藝術／272
有時候沉默的確是金／277
聽聲辨人，聰明的耳朵能讀心／279
認真傾聽，不放過任何一個有用的資訊／283

前言

一

哈佛大學是美國頂尖級的學府，為美國各行各業培養了成千上萬的專家英才。哈佛大學先後誕生了八位美國總統、四十位諾貝爾獎得主和三十多位普立茲獎得主。此外，還出了一大批知名的學術創始人、世界級的學術帶頭人、文學家、思想家、著名外交家，這些傑出人物的成功，無不得益於哈佛大學的口才課。

哈佛人對言談舉止均有高規格的訓練和要求。幾個世紀以來，哈佛人士的講演談話在其高標準的原則下，逐漸形成了一門學問，西方上流社會、工商、文化各界的成功人士在哈佛人口才的影響下大獲其益。

二

當今社會是一個講究人際溝通的時代，是一個以口才贏天下的時代。

美國成功學大師戴爾·卡內基說：「當今社會，一個人的成功，僅僅有百分之十五取決於技術知識，而其餘的百分之八十五則取決於人際關係及有效說話等本領。」由此可見口才的重要性，掌握說話的技巧，已經成為現代人成功的必備條件。

美國人早在二十世紀四〇年代就把「口才、金錢、原子彈」看做是在世界上生存和發展的三大法寶，六〇年代以後，又把「口才、金錢、電腦」看成是最有力量的三大法寶。而「口才」一直獨居其首，足見其作用和價值。

現如今，不少領袖、企業家、名人憑藉口才名震一時。口才已經成為一個人綜合能力的重要標誌，成為一個人在社會上生存的重要能力之一。說話能力體現出一個人的內涵、素質。一個說話講究藝術、講究技巧的人，常常是說理切、舉事賅、擇辭精、喻世明；輕重有度、褒貶有節、進退遊刃有餘；可以體現出個人的雄才大略，更能提高個人的社會地位。一個人能否把話說得有魅力，對其人生的成敗是非常重要的。

在生活中，通過出色的語言表達，可以使陌生人熟悉進而欣賞，達成友誼；可以使相互熟識的人情誼濃烈，友誼長久；可以使意見分歧的人互相理解、消除矛盾；可以使夫妻更加恩愛，家庭關係更加溫馨融洽……擁有良好的口才也是獲得就業機會、提高事業成功率最直接、最有效的途徑。

三

一直以來，口才作為每一位哈佛學生必須掌握的溝通技巧，它時刻強調精英的思維習慣，宣導真正實用的人際交往理念，讓哈佛學生自然發揮其潛在的表達實力，在各種場合下揮灑自如。

為此，我們選取了哈佛大學的口才課程，看看在他們的眼裡，好口才該是什麼樣的。本書的內容即是擷取幾百年來那些沉澱下來的哈佛經典，希望能將最實用、最本質的哈佛談判術、哈佛溝通術等技巧呈現給讀者。

說話是人與生俱來的天賦，但良好的談吐需要依靠後天的練習。只要肯花時間練習，認真進行說話技能的學習，吸收他人積攢下來的經驗，並在實踐中運用這些方法與經驗，人人都有機會成為口才大師。我們希望成千上萬的普通人通過學習哈佛口才課程中闡述的溝通理念，能夠成為成功的演說者、有效的判斷者、人見人愛的交際家！

第 1 課
溝通的訣竅：把話說到對方心裡去

要與人溝通就要主動與人交談，提問就是一種主動的方式，它可以打開溝通之門，讓你獲得你想瞭解的東西。

提問是打開「話匣子」的鑰匙

要與人溝通就要主動與人交談，提問就是一種主動的方式，它可以打開溝通之門，讓你獲得你想瞭解的東西。要注意的是提問的範圍，不要過多涉及人們不願回答的問題。——哈佛箴言

人與人交談離不開提問。精妙的提問不僅可以使你獲得資訊和知識，同時還可幫助你瞭解對方的需要和追求，從而達到人與人之間的溝通、交流和互助，促成事業的成功。但是，同樣的一個要求，若用不同的語言提問，收到的效果肯定不一樣。

哈佛大學課上說：「**判斷一個人憑的是他的問題，而不是他的回答。**」確實，問題提得好，是高明說客的一項標誌。這類提問，有助於人們整理自己的思想和感受。

你要善於提出一些問題，然後用心地傾聽他人的答覆。除了用心傾聽之外，還要不時地插入一些問題進一步詢問。掌握主導權，一步一步借題發揮。

這就需要我們找對那把「鑰匙」，來打開對方的「話匣子」！

只要你的話題使對方產生興趣，那麼無論他是一個如何沉默的人，都會發表一些言論的。因此在談話時，一定要不斷地激起對方的興趣，使談話能夠持續下去。

那麼，用什麼樣的語言提問，才能達到溝通的效果呢？哈佛專家指出：

（1）注意因人而異

一、人有男女老幼之分。該由老人回答的問題，向年輕人提出就不合適；該向男性提出的問題，也不能叫女性來回答。如果對一位熟齡的女士提出：「您今年多大年紀？」儘管你並無惡意，定會惹得她惱怒不已。

二、每個人都有自己的性格色彩，有的人個性外向，性情直率，對任何問題都能談笑風生，暢所欲言；有的人寡言好思，情緒不外露，態度嚴肅；也有的人訥於言辭，孤僻自卑，對任何問題都很敏感。

對性格外向的人，儘管什麼問題都可以提，但必須注意：不要把問題提得不著邊際，否則很容易使談話「走題」；對寡言好思的人，要開門見山，簡潔明瞭，提問要富有邏輯性，儘量提那種「連鎖式」問題。比如：「你為什麼會這樣呢？」

「後來呢？」等等。這樣可以使他源源不斷地談下去。

對那種敏感又訥於言辭的人，要善於引發，不能一開始就提冗長、棘手的問題，通常以他喜歡的話題由淺入深，啟發他把心裡話說出來，但必須注意，絕不能向他提出令人發窘的問題。

三、人的知識水準和所處的環境各有千秋。因此必須仔細觀察、瞭解對方身分，問得得體，不唐突莽撞。如果你跑去問一名並不熟悉烹飪的飛行員應該如何做出美味可口的菜，肯定不會如願以償，因此提出的問題必須根據對方的知識水準、職業等進行合理提問，該問甲的不要問乙，該問乙的不要問丙。

（2）掌握最佳時機

問問題，時機要掌握好，發問的效果才佳。

如兩個好朋友畢業後分別到不同單位就職，一個偶然的機會碰面，互相詢問：「你們單位待遇如何？談戀愛了嗎？」顯得既自然又在情理中。

但是，如果兩人剛認識，劈頭就問對方：「你工作輕鬆嗎？工資多少？談過戀愛嗎？」其結局就可想而知了。

一般來說，當對方很忙或正在處理急事時，不宜提瑣碎無聊的問題；當對方正專心欣賞音樂、娛樂節目或體育比賽時，不宜提與此類事情無關的問題；當對方傷心失意時，不宜提過於複雜、生硬，會引起對方不愉快的話題；當對方遇到困難或麻煩，需要單獨冷靜思考時，亦不宜說個沒停，引起反感。

（3）問題提得具體

範圍過大廣泛的問題，往往叫對方摸不清頭腦，因而也就不知如何回答才好。相反，問題具體，反而可以引導對方的思路，從而得到滿意的答案。

（4）講究邏輯

如果你要就某一專題性問題去請教別人，必須按事物的規律，從最表面、最易答的問題問起，或者先從對方熟悉的事問起，「口子」開得小些，然後逐漸由小到大，由表及裡，由易到難，並注意前後問題間的邏輯性，這樣才便於對方回答，不至於一開口便為難卡關，這也有助於自己理解對方的談話，從中總結出規律性的東西。

（5）保持靈活態度

發問不僅僅是口才的問題，還是一個人的思維能力問題。提出問題後，要仔細聆聽對方的談話，並觀察對方話中的細節，發現新的問題。此外，還要注意對方回答問題的態度，一旦發現他避開某些東西，你可以試探他的反應，也可以用眼睛盯著他，使他變得不安，這時，對方往往會在無意中脫口說出你希望得到的答案。

（6）準備多種提問方式

同一個問題，可以有多種提問方式，一般分成以下幾種：

正問：開門見山，直接提出你想瞭解的問題。

反問：從相反的方面提出問題，令其不得不回答。

側問：從側面入手，通過旁敲側擊，迂迴到正題上來。

設問：假設一個結論啟發對方思考，誘使對方回答。

追問：循著對方的談話，打破沙鍋問到底。

不是任何人一開始就願意如實回答你所提的問題的，他們往往用「無可奉告」、「我也不大清楚」等詞來推託你的問題。所以，應該準備多種提問方式。當他堅決表示無話可說時，你就裝成誤解他的樣子，轉而用另一種方式提問，如此反覆。

如果他拒絕回答，你可以設想一個令其為難的結論，請他指導，一旦他開了口，你就可以步步進逼，追問到底了。

（7）措辭要得體

為了表達明確，避免造成麻煩和誤解，提問時仔細選詞擇句是很重要的。我們必須尋求最佳的表達方式。諸如「你有什麼理由可說？」這類問題，很容易引起對方的不快，但如果換一種措辭：「你對此事有何感想？」就可以使談話繼續下去。

（8）語氣和語調親切自然

時刻記住：對任何人提任何問題，都要努力營造一種親切友好、輕鬆自然的氣氛，絕對不可以用生硬的或審訊性的語氣和語調。否則，不但容易影響對方的情緒，還會破壞雙方之間的關係，導致提問徹底失敗。

多兜圈子說話，才能少碰釘子

你不要焦急！我們所走的路是一條盤旋曲折的山路，要拐許多彎，兜許多圈子，時常我們覺得好似背向著目標，其實，我們總是越來越接近目標。——哈佛箴言

哈佛的一位哲學家說過：「**懂得繞彎子的人，才有可能是達到光輝頂點的人。**」為了不碰釘子，並達到自己的目的，不妨試著學會多繞幾個彎子。繞彎子並不是放棄，也不是後退，而是為了更快地接近目標。

一位編輯向一位作家邀稿，那位作家是一位不愛說話的人，於是這位編輯在去他家之前，心中有些不安與緊張。

突然間，他腦中閃過一本雜誌刊載過有關這位作家近況的文章，於是對作家說：「先生，聽說你有篇作品被譯成英文在美國出版了，是嗎？」

作家傾身道：「是的。」

「先生，你那種獨特的文體，用英語不知道能不能完全表達出來？」

「我也正擔心這點。」於是他們就滔滔不絕聊了起來，氣氛也逐漸輕鬆，最後作家答應了他的要求。

當你無法前行時，不妨變通一下，用另一個方法來獲得成功。只有懂得繞道而行的人，才會走向成功，在成功的路上才不會碰釘子。

那麼，要如何才能把一件不便說出口的事，巧妙婉轉地表達出來呢？

1.借他人之口，替自己說話。
2.在幽默的玩笑話中道出事實。
3.轉個彎，套出對方的話。
4.用商量的口氣。
5.採用婉求、誘導法。
6.變相「要脅」。

話題卡住了不用怕，但嚴禁繼續糾纏

談話是發生在當下的事情，很少人能夠同時聽著你講話，腦子裡卻一直惦記著三分鐘前你講了什麼話題。——哈佛箴言

即便是非常善於交談的人，也難免會在與人聊天時遇到這樣的問題，說著說著，話題卡住了：一方面是你覺得對方對你說的話沒有了興趣，你主動停下了說話；另外一方面，是你對自己所說的話題瞭解得太少，說到一半便沒了材料。

遇到這種情況，建議馬上換話題，千萬不要繼續喋喋不休，這會引起別人的反感。如果在相聚的兩個小時裡面，你接下來的談話讓對方產生興趣，或者，你有幾次讓對方開心地笑，那麼對方應該是不會記得你曾經提過幾個無聊的話題的。談話是發生在當下的事情，很少人能夠同時聽著你講話，腦子裡卻一直惦記著三分鐘前

你講了什麼話題。

可是，**如何找一個讓對方感興趣的話題呢？這就在於你平時的積累。**只有擁有了深厚的內涵、廣泛的知識，才能讓別人對你的談話更有興趣，並且在與人聊天的時候，才更容易找到合適的話題。

在與人聊天的時候，如果你的肚子裡有「貨」，別人聊到什麼你都能「接招」，那麼你們之間的話題自然就多了。是否會說話，與說話的技巧有關，更與自己掌握知識的多少有密切關係。肚子裡沒有多少知識的人，與人交談的時候，只能局限在某個很小的範圍裡，一旦對方對你的話題不感興趣，你就沒有更多的題目與人交談了。

相反，你若是平時就積累了各方面的知識，比如體育、政治、軍事、旅遊等等，你在與人聊天的時候，在某些話題上卡殼了，你可以非常輕鬆地就轉移到另外一個對方有興趣的話題上。

要想讓自己與人談論的話題源源不斷，那麼掌握各方面的知識就非常必要，並且廣博的知識也能使你的談話幽默機智、妙趣橫生，容易感染人。

用「我們」把彼此聯繫在一起

說話時，常用「我」開頭或代表自己觀點的人，敵人只會愈來愈多；而常用「我們」的人，敵人也會變成朋友。——哈佛箴言

哈佛的心理學家說，「我們」、「大家」這類具有共同意識的字眼，容易讓對方產生錯覺，搞不清你的立場為何，總以為你和他是一方的，這時候，對方要攻擊你時，就會投鼠忌器或無法全力以赴，而這正是你想要的結果。

在這種情形之下，對方的反擊最沒有殺傷力，而且他的心防也很容易被你一攻而破，接著你再用「攻心」策略，趁他撤掉心防時，直搗黃龍，相信會有所收穫。

自古就有許多政治人物或領導者，都利用這種「我們」策略來籠絡人心、化敵為友，當他舉起手中的刀槍或拳頭時，成千上萬的聽眾也會同樣地舉起拳頭高喊他

的名字。他們在臺上一呼百應，就是運用這種策略，煽動起群眾熱情的火焰。

為什麼他們能夠靠著演說，將聽眾緊密地聯繫在一起呢？

秘訣就在於其所運用的語言策略和肢體語言讓廣大的群眾認同他，並產生共同意識。演說中，他們總會一直使用「我們」、「我們大家」等字眼，來籠絡人心，使聽眾產生「命運共同體」的感覺。這樣的演說策略，會使許多人認為這是攸關大眾利害的事情，並非為了個人的利益。

在人際交往中，「我」字過分強調，會給人突出自我、標榜自我的印象，這會在對方與你之間築起一道防線，形成障礙，影響別人對你的認同。

因此，關注攻心的人，在語言交流中，總會避開「我」字，而用「我們」開頭。每個人的內心或多或少都存有潛在的「自我意識」，誰也不願意被別人左右。如果他認為你是在說服他，那麼他的反抗意識就會更加激烈，而不願意接受你的看法，即使你說得天花亂墜、頭頭是道，在他眼中也不過是為謀取私利而進行的偽裝表演。

經常使用「大家」、「我們」等這類字眼，會使人感覺到大家均是同路人，是生命共同體，於是對方原本頑固的心理防衛會不攻自破，並在不知不覺中認同你的觀點。自我意識愈強的人，越容易被對方這種「我們」說話策略所催眠。

同樣的道理，男女交往時，更要經常用「我們兩人」來開頭說話，這才會讓對方產生親密感。

人們最感興趣的就是談論自己的事情，而對於那些與自己毫無相關的事情，大多數人覺得索然無味，對於你表現最大興趣的事情，常常不僅很難引起別人的同情，而且別人還覺得好笑。

年輕的母親會熱情地對人說：「我們的寶寶會叫『媽媽』了。」她這時的心情是高興的，可是旁人聽了會和她一樣地高興嗎？不一定。誰家的孩子不會叫媽媽呢？你可不要為此而大驚小怪！這是正常的事情，如果不會叫媽媽的孩子才是怪事呢。所以，你看來是充滿了喜悅，別人不一定有同感，這是人之常情。

竭力忘記你自己，不要總是談你個人的事情，你的孩子，你的生活。人人喜歡的是自己最熟知的事情，那麼，在交際上你就可以明白別人的弱點，而儘量去引導別人說他自己的事情，這是使對方高興最好的方法。你以充滿同情和熱誠的心去聽他敘述，你一定會給對方以最佳的印象，並且對方會熱情歡迎你，熱情接待你。

有意見要說，更要學會巧妙地說

誠實是把真正的想法說出來。——哈佛箴言

哈佛人認為：「**我們沒必要為了迎合對方，而刻意地隱瞞自己真實的想法。**」

刑警為了讓嫌犯認罪，往往會對他們說：「我相信你一定會承認，以往遇到我的嫌疑犯沒有一個不招供的，我認為你也不會例外。」這種說服方式使得舉棋不定的嫌疑犯，內心會產生一種自己心思早被看穿，無法隱瞞的心理壓力，最後如實招供。

對於能力較差或新進的員工，如果光是對他說「再加油吧」、「再用點頭腦吧」是沒多大效用的，此時員工們最需要的並非責備或激勵之類的話，而是工作的具體指導。

如果身為主管的你，一再好聲好氣地指正並指導下屬工作的方法卻不被接受，這時就要換另一種方法。最好是裝出一副很吝惜的樣子明白地告訴他，你是不輕易傳授別人秘訣的，而且說過之後便不再重複，一次兩次之後，當他試著照著你教他的方法去做而且有改善時，對方就會產生「這句話非聽不可」的意識，則你的忠言必能順利地讓對方接納。此時，他不但不會覺得你囉嗦，還會自動地接受你的建議。

可以用委婉的態度和語氣，先表示對方的意見沒有錯，一般人在聽見別人對自己的意見表示認同時，都會鬆懈心理的防備，認為你可能是持有相同意見的同伴，這時候再說出你真正的想法，就很容易被接納。

《淮南子・人間訓》中記載了這樣一段故事。

魯哀公想在宮殿西側有所擴建，史官強烈地反對，說：「在西側擴建宮殿是一件極不吉利的事。」

哀公十分生氣，不聽任何親信的勸言。他問宰折雎說：「我打算擴建宮殿，史官們硬說不吉利，你的看法如何？」

宰折雎回答說：「天下之大，只有三件不祥之事，宮殿西側的擴建工程與這無關。」

哀公大喜，他接著又問道：「三件不祥之事指的是什麼？」

宰折睢回答說：「不行禮儀，這是第一個不祥；奢欲無限，這是第二個不祥；強諫仍不聽，這是第三個不祥。」

哀公默然沉思許久，心平氣和地自我反省一番之後，認為做法欠妥，於是下令停止擴建工程。

宰折睢可謂深明進諫之道。他沒有直接談擴建工程之事，而是談天下之三大不祥事，而這「三件不祥事」每一件都與哀公擴建工程相關。宰折睢心平氣和地說，哀公心情舒坦地聽，所達到的效果是比強諫哀公、強迫他改變主意的作法還強十倍、百倍。

說服人要心平氣和、不能感情用事。既要使對方願意採納你的意見，又不給周圍的人留下是由於自己的極力說服才勉強被採納的印象。有話好好說，這樣，才能先使對方不致對自己產生排斥感，言辭也不致被對方誤會，然後再盡情發揮自己的才能與辯說能力，這樣一來，不僅使對方心平氣和地接納自己的意見，自己也可以達到真正的目的。

掌握好說好話的時機

如果把交談變成一個人的獨白，儘管你講得眉飛色舞、口乾舌燥，也沒有人為你鼓掌喝彩。——哈佛箴言

掌握好說好話的時機，是每一個哈佛人必修的一門課程，因為如果你說的不是時候，即便你的話再好，再動聽，不僅起不到好的作用，相反，還會給你帶來反面的效果，那麼你就是賠了夫人又折兵，實在是很不划算。因此，要學會根據對方的性格、心理、身分以及當時的氛圍等一切條件，考慮自己說話的內容。

我們經常能看到這樣一幕：

一個人在那裡口若懸河地講，可是對方卻是緊縮眉頭，根本就對這個人說的話題不感興趣，即便對方一直在誇獎他，到最後，也會找個藉口偷偷地溜掉。這就是一個時機問題了，不管一個人說話的內容有多麼精彩，如果時機掌握不好，也就無法達到有效說話的目的。因為作為一個聽者，他的內心往往會隨著時間的變化而變化，他們並不是在所有的時候都喜歡聽同一個話題，或者是說在很多時候，他需要其他的話題甚至需要沉默來調配自己的生活，這樣才能有聲有色。

一頭驢，平常都吃著主人給牠拿的青草，時間長了，就慢慢地變得不喜歡吃了。有次無意中，主人在草料中加了一把鹽，草料立刻變得有滋有味起來，驢就問主人在裡面加的是什麼，主人說是鹽，於是驢就宣布，從此以後不吃草料了，每天只要吃鹽！

一個人的一生不能只聽一個話題過日子，也不可能只是一個心情，永遠保持不變，如果你要讓對方變得願意聽你的講話，或者接受你的觀點，你就得學會怎樣選擇適當的時機並且把握這個時機，在適當的時機說適當的話。猶如一個參賽的棒球運動員一樣，即便他有良好的技術、強健的體魄，但是如果他沒有把握住擊球的那個決定性瞬間，偏早或偏遲，棒就落空了，比賽也就輸了。

中國是一個講究中庸的國家，凡事都喜歡恰到好處，過了或者不及，都不是一種完美的表現，在現實生活中，與人交往也是如此，說好話更是如此。

對話是雙方進行交際的基礎，雙方有對話才有交流，有交流才能產生情感。一次成功的交談就像一場大家配合默契的接力賽，每個人都是這個集體接力的一員，既要接好棒，也要交好棒，誰都不能懈怠。

這個接力棒就相當於說話時的話題，因此，交流時要善於選擇雙方都感興趣的話題，這樣也就能更好的交流，不管是說好話，還是說不好的話，對方也都能比較容易接受。

另外在交談雙方中，由於各人的閱歷不同，對事物的認識也就不盡一致，各人觀點的分歧、碰撞、交鋒在所難免。因此，在這種時候說話，就得根據對方的閱歷和對事物的認識作相應的調整。此外，不能在對方心情不好，甚至是工作不順利的時候去說，否則亦會適得其反。

最後要注意的是，每個人都有表現欲，也有被承認、被讚賞的心理需求。因此，在和對方交談的時候，一定要滿足對方的這種欲望，如果你只熱衷於表現自己，而輕視他人的表現，對自己的一切津津樂道，而對他人的一切不屑一顧，就勢必造成自吹自擂、自我陶醉的不良印象，最終好話也就變成空話了。

喬治是美國加州鼎鼎有名的大亨，資產超過十億美元。某年，他與商業夥伴大衛從加州飛到中國，準備投資建廠。

經過多方探勘，喬治找到的一個合作夥伴，是某大型企業的領導。這位領導之所以能坐到談判桌前，就是因為他的精明、能幹和通曉市場行情的才能，令喬治頗為欣賞。特別在喬治聽了這位領導對合資企業的宏偉設想後，似乎已看到了合資企業的光輝前景。

可是正準備簽約的時候，忽聽這位領導頗為自豪地侃侃道：「我們企業擁有兩千多名職工，去年共創營收七百多萬元，實力雄厚……」

聽到這兒，喬治暗暗掐指一算：「七百萬人民幣折成美元是九十多萬，一個兩千多人的大企業一年才賺這麼點錢，這位領導還十分自豪和滿意，看來這個企業會讓自己失望，因為離他預定的利潤目標差距實在太大了。」

合同還沒有簽，喬治就決定終止合作了。

眼看馬上就要到手的投資就這樣飛了，原因僅僅是因為自我吹噓的一句話。

顧左右而言他，「岔換」尷尬話題

不要認為說話聊天就是心裡有什麼說什麼，也是要講究技巧和方法的。——哈佛箴言

在日常生活和工作中，難免會遇到一些令人尷尬、令人為難的問話，比如涉及政治、個人收入、私生活等問題。如果直接用「對不起，這是我的秘密，不能告訴你」拒絕回答，就會顯得粗俗無禮，令對方難堪。這時，該如何是好呢？

哈佛專家認為，面對類似上述的問題，不妨用「岔換」的方法回答，這樣，既回絕了對方的問話，又保全了雙方的面子。

「岔換」即「岔開」、「轉換」他人的話題。它是人們在語言交際中，為避開不便談論的話題，而故意岔開原來的話題，隨即採用其他的話題予以調換的一種語

言藝術。這種「顧左右而言他」的語言藝術，能夠使人面對尷尬而峰迴路轉，取得柳暗花明的幽默效果。

「岔換」是一種間接拒絕的語言藝術，從不同角度來看，岔換有不同的表現形式。從「岔換」前後的論題之間的關係看，岔換有「相近岔換」和「相遠岔換」兩種。

（1）相近岔換

「相近岔換」是指「岔換」以後的話題與提問者要求回答的問題在內容上比較接近，只是在所指的範圍上出現了變化，這種變化可能是縮小或擴大原來的問題。從內容上看，「岔換前」和「岔換後」的話題儘管不同，但二者之間還是存在著一定的聯繫。

曾有記者問鞏俐：「你對自己的相貌如何評價？」

記者要鞏俐自己評價自己的相貌，鞏俐的確有點為難，不管她回答自己的外貌漂亮還是不漂亮，都有可能引起麻煩，而且還會把自己推入難堪的境地，而直接拒絕回答又顯得不禮貌。

鞏俐靈機一動，指著自己的虎牙笑說：

「我覺得我的牙齒很漂亮，因為它整齊而與眾不同嘛。」

顯然，鞏俐的回答與記者的提問有點不相符。記者要她回答的話題是「評價自己相貌的美醜」，而鞏俐岔開話題，換成了一個與記者相近的話題：「評價自己牙齒的美醜」。這樣回答比較巧妙，「牙齒漂亮」與「相貌漂亮」是有一定聯繫的，只是其範圍比記者要求的範圍縮小了許多。

（2）相遠岔換

「相遠岔換」是指岔換以後的話題與要求回答的話題在內容上相差較遠，甚至有時兩個話題南轅北轍，沒有絲毫的聯繫。

有一個油嘴滑舌的中年男子，看見一個漂亮的少婦懷裡抱著一個孩子，背上背著一個孩子。他壞心眼一閃，想占少婦的便宜，於是走到少婦面前，笑著問道：

「太太，你這兩個兒子哪個是『先生』的？」

少婦見他不懷好意，便笑了笑，機智地回答：「先生後生都是我的兒子。」

見沒有討到絲毫的便宜，那位男人只好作罷。

如果少婦按「先生」的問句所劃定的範圍來作答，那麼她的回答就會對她產生不利影響或產生嚴重後果，這樣少婦也就中計上當以致難堪了。

然而少婦沒有按「先生」問語的範圍來答，而是岔開問語「哪個」所限定的範圍，換成「孩子是屬於誰的」話題來回答，說成「先生後生都是我的兒子」，使婦人岔換後的話題所表達的意義與男子要求她回答的問題大相徑庭。

少婦採用「岔換」反戈一擊，使得佔便宜的男子沒有討到便宜。

第 2 課
說服的藝術：動之以情曉之以理

說服不是要告訴對方「你應該如何如何」這麼簡單，而是讓對方信服的一個過程。如果說服如此簡單，世界上也就不會存在這麼多矛盾。

若要實現大目標，不妨先提小要求

「登門檻效應」是這樣的——反正一隻腳都進去了，又何必怕整個身子都進去呢？——哈佛箴言

我們知道，開口就向別人提不太容易做到的要求，別人往往難以接受。如果先提簡單的要求，然後逐步提出更高一點的要求，不斷縮小差距，別人通常比較容易接受。每個人都有「保持自己形象一致」的心理，都希望給別人留下大方的印象。因此，在接受別人的第一個「小要求」後，再面對第二個要求時，就不會輕易拒絕。如果這種要求不會給自己太大的損失，人們往往會想：反正都已經幫了，何不幫人幫到底呢？

週末，胡小青對丈夫說：「咱們買把椅子吧！」丈夫答應了。來到家居市場，很快就買好了椅子。

這時，胡小青發現了一款書桌不錯，對丈夫說：「你看這個書桌，最適合你放電腦和書了。還可以當我的梳粧檯，買了吧？」

丈夫略加思索，說：「買。」

正在丈夫付錢的時候，胡小青又發現了一個衣櫥不錯，於是把丈夫喊到身旁，說：「你看這個衣櫃，確實不錯啊，才三百元，很實惠吧！」

丈夫趕緊說：「不用不用，買個幾十塊錢的簡易衣櫥湊合著用就可以了。」

胡小青忙說：「有這麼好的椅子和桌子，配個破衣櫃合適嗎？」

丈夫一想也是，既然椅子和桌子都買了，再買個衣櫥又有什麼呢！於是爽快地說：「買。」

胡小青巧妙運用了登門檻效應，讓丈夫成了她的俘虜。

哈佛專家提醒：「設計」不是空想，而需要結合現實條件，確定詳細的行動路線，讓自己明確每個階段該做什麼，該怎樣做，這樣才能逐漸實現大目標中的那些小目標。就像建造房子時，要有步驟地打好地基、添磚加瓦一樣，想要成功也需要按部就班地進行，而且可以確定的是，越靠近成功，你所需要付出的努力越多，你經受的考驗越大——由易到難，分步進行，實現最終目標。

越想推廣傳播，越要閉口不說

每個人似乎都有這種奇怪的心理：越是得不到的東西，就越想得到；越是若隱若現的東西，就越想看清楚。——哈佛箴言

哈佛的課上講過，這是**禁果效應**的基本表現，如果我們能巧妙利用這種心理，就可以達到不錯的傳播效果。

例如，馬鈴薯在法國的推廣就是巧妙利用了這種心理。

巴蒙蒂埃是法國著名的農學家，當年他在德國做俘虜時，曾吃過馬鈴薯，被釋後，他帶著馬鈴薯回到法國，但是他無法說服人們栽種馬鈴薯，為什麼呢？因為牧師把馬鈴薯稱之為「魔鬼的蘋果」，醫生認為馬鈴薯有

害身體健康，農學家則認為馬鈴薯會使土壤枯竭。

於是巴蒙蒂埃決定採取一個計策。

一七八七年，巴蒙蒂埃把自己的想法告訴了法國國王，讓國王批准他在一塊以貧瘠著稱的土地上種植馬鈴薯。同時巴蒙蒂埃請求國王派遣全副武裝的士兵在田野裡，白天守衛，但到晚上一定要撤兵。

人們發現了這個奇怪的現象，心想：那塊土地上到底種了什麼東西，為何要派重兵把守呢？這種強烈的好奇心促使人們有所行動，人們開始在晚上偷偷地把馬鈴薯挖去，種到自己的菜園裡。而這正是巴蒙蒂埃所企求的。

這個故事給我們很大的啟發，那就是運用禁果效應可以達到良好的傳播推廣效果。在現代商業領域，很多企業經營者都希望自己的公司、產品美名遠揚，為了打開產品銷路，很多企業都會努力到各大媒體露面，打廣告、搞宣傳，為的就是提高產品知名度，而有些企業經營者卻反其道而行之，有意隱藏自己的資訊，給人留下故意躲避的印象，從而吸引人們特別是媒體的關注。待人們努力瞭解後，才發現原來沒有什麼特別的，這樣人們就對該企業、該產品印象深刻了。

加娜廟是印度的一座古寺廟，它周圍環繞著紅牆，綠樹成蔭，廟門寬敞。但廟裡的空間不大，行人從寬大的廟門前經過，就能將廟裡的景致一覽無餘。因此，沒有多少遊人進去觀光，日子一久，寺廟只好關門大吉了。

然而出人意料的是，自從加娜廟的大門關閉之後，卻出現了一種奇怪的現象：遊人走到這裡，經常會在廟門前停留，他們會扒著門縫往裡看。每天窺探的人比往日大門敞開時進去觀光的人多了許多倍，甚至工作人員也被影響了，也扒著門縫往裡看，想知道裡面到底發生了什麼事。

其實廟裡一切如同往常，什麼事情也沒發生。能看到的景象只是一塊紅牆、一角磚地，一棵老樹，其他的東西被大門遮住了，無法看到。

當地的和尚對這種現象感到好奇，便統計了一下每天扒著門縫往裡窺探的人數。這一數發現窺探的人一個挨著一個，竟比之前開門時多了幾十倍。

在這種情況下，加娜廟終於向遊客開放了，不過這次開放與以前不同，和尚們把一道影壁立在大門的裡面，阻擋人們的視線。人們總想一探究竟，所以踴躍購票。

和尚們還有意鎖上幾間房門，留些小縫供人們「窺探」。房裡同樣放了屏障，讓人窺探起來很費勁。不過仔細一看，也只能看到一張老床，一個老櫃，一雙舊鞋，再向裡看，還能看到一個小泥菩薩，但人們卻樂此不疲。

後來加娜廟裡來了一個奇怪的和尚，這個和尚沒什麼知識，也沒什麼特長，但說話從來都是說半句，故意留半句不說，總是不把事情說完整。可正因為這樣，前來討教的人反而說這和尚的學識高深莫測、非常靈驗。

在很長一段時間裡，人們對加娜廟與這位和尚抱有濃厚的興趣，將其奉為神靈，前來燒香拜佛的人與日俱增。

加娜廟及那位和尚之所以那麼吸引大家的注意力，顯然是因為「禁果效應」在發生作用，正如那句話所說，「越想推廣傳播，越要閉口不說」，留一點窺探的小縫，給人一個巨大的想像空間，欲說還休的效果可以吊足聽眾的胃口。

曲言婉至，迂迴靠近

說服不是要告訴對方「你應該如何如何」這麼簡單，而是讓對方信服的一個過程。如果說服如此簡單，世界上也就不會存在這麼多矛盾。——哈佛箴言

哈佛人認為，在勸說中，有時要有意避開對方的諱忌點，繞道而行，選擇對方感興趣的話題談起，不要過早地暴露自己的意圖，按照預定的迂迴路線，步步靠近。當對方跟著你走完一段路程的時候，對方已經不自覺地向你的觀點投降了。這也就是曲言婉至的妙處。

伽利略青年時就立下雄心壯志，要在科學上有所成就，他希望得到父

親的支持和幫助。

一天，他對父親說：「父親，我想問你一件事，是什麼促成了你與母親的婚事？」

「我看上她了。」

伽利略又問：「那你有沒有娶過別的女人？」

「沒有，孩子，老天在上，家裡的人要我娶一位富有的太太，可我只對阿瑪納蒂鍾情，我追求她就像一個夢遊者，要知道你母親從前是一位姿豔動人的姑娘。」

伽利略說：「這倒確實，現在也還看得出來，你不曾娶過別的女人，因為你愛的是她。你知道，我現在也面臨著同樣的處境。除了科學以外，我不可能選擇別的職業，因為我喜愛的正是科學。別的對我毫無用途！難道我要去追求財富、追求榮譽？科學是我唯一的需要，我對它的愛有如對一位美貌女子的傾慕。」

父親說：「像傾慕女子那樣，怎麼能這樣說呢？」

伽利略：「一點不錯，親愛的父親，我已經十八歲了。別的學生，哪怕是最窮的學生，都已想到自己的婚事，我可從沒想到那上面去。我不曾與人相愛，我想今後也不會。別的人都想尋求一位標緻的畢安卡，或是一位俊俏的盧斯婭，而我只願與科學為伴。當人們提及婚姻方面的事情，我就感到羞臊。」

父親沒有說話，仔細聽著。

伽利略繼續說：「我親愛的父親，我會成為一個傑出的學者，我能夠以此為生，而且比別人生活得更好。」

伽利略最終說動了父親，他實現了自己的理想，成為了一位聞名世界的科學家。

委婉法是辦事說話時的一種緩衝方法。委婉語能使本來也許是困難的交往，變得順利起來，讓聽者在比較舒坦的氛圍中接受資訊。因此，有人稱委婉是辦事語言中的**「軟化」藝術**。例如巧用語助詞，把「你這樣做不好」改成「你這樣做不好吧」；也可靈活使用否定詞，把「我認為你不對！」改成「我不認為你是對的」。還可以用和緩的推託，把「我不同意」改成「目前恐怕很難辦到」。這些都能起到軟化效果。

破釜沉舟，「絕望」進攻

說服他人，就必須在他人身上下功夫。這是說服的要害所在，切中了要害，說服一定會大功告成。——哈佛箴言

哈佛的公開課上指出，在說服過程中，可以「**善意地給對方絕望感**」，即指出按原來的想法行動會產生的惡劣後果，從而使其放棄或改變原來所持的觀點。這種方法稱為「**絕望進攻術**」。

說服中的絕望進攻術可採取「**虛**」和「**實**」兩種形式。所謂「虛」的，指長遠才產生的惡劣情況。所謂「實」的指眼前就可能產生的惡劣情況。對一些還不善理性思考的人來說，用「實」的形式比較有效。說服中使用絕望進攻術，要注意對問題作具體分析，不能一開始就籠統地、概括地作出結論。

汽車推銷員如果在推銷節油汽車時，一見顧客就開門見山地說明這種汽車可以為顧客省很多汽油等，大多數情況下會吃閉門羹。

聰明的推銷員卻可以這樣開頭：「先生，請教一個你所熟悉的問題，也就是增加貴店利潤的三大原則是什麼？」

老闆對這種話題肯定十分樂意回答。他會說：「第一，降低進價；第二，提高售價，第三，減少開銷。」

銷售員立即抓住第三條接下去說：「你說的句句真言。特別是開銷，那是無形中的損失。比如汽油費，一天節省二十元，你想過嗎？如果貴店有三輛車，一天節省六十元，一個月就有一千八百元，十年可省廿一萬。如果放在銀行，以五分利計算，那等於兩百四十萬元本金存一年的利息，你可以計算一下，怎麼樣？」

這時，推銷員就可趁機推銷自己的節油汽車。

絕望進攻術是一種破釜沉舟、班師在後的技巧，常令對方感到情況嚴重，產生絕望感，而樂於接受辯者的觀點，有很好的說服作用。

一開始就讓對方說「是」

說服最考驗一個人的口才能力。你說的話要起一個引導的作用，啟發別人按你的要求去感覺、去做、去想，把別人的思維導入你的思路。這樣說話才是最棒的說服技巧。——哈佛箴言

哈佛專家指出，說服過程中，一個否定的反應是最不容易突破的障礙，當一個人說「不」時，他所有的人格尊嚴，都要求他堅持到底。也許事後他覺得自己的「不」說錯了，然而，他必須考慮到寶貴的自尊。既然說出了口，他就得堅持下去，因此一開始就使對方採取肯定的態度，是最重要的。

哲學家蘇格拉底在他死後廿三個世紀，他還被尊為世界中最卓越的口才家之一。他的整套方法，現在稱之為「蘇格拉底妙法」，以得到「是，是」為根據。他

所問的問題，都是對方所必須同意的。他不斷地得到一個同意又一個同意，直到他擁有很多的「是，是」。

他不斷地發問，直到最後，幾乎不知不覺之下，他的對手發現自己所等到的結論，是他在幾分鐘之前所堅決反對的。

哈佛專家提醒，為了說服對方，我們要盡可能使對方在開始的時候說「是的，是的」，盡可能不使他說「不」。也就是說，我們要一開始就提出一個溫和的問題——一個會到得「是，是」答案的問題。

溫水煮青蛙，讓對方難以脫逃

售貨員若想把商品所有的優點都列舉出來會導致無必要的廢話，反而會引起不信任。而且懷疑和猶豫可能出現並反覆發生在顧客購物的各個階段，包括在購物以後，如果售貨員針對其中的一個或幾個說一些有分量的話，那麼會令人信服得多。——哈佛箴言

美國康奈爾大學做過這樣一個實驗：當科研人員將青蛙放入盛有溫水的容器中，然後慢慢的加熱，起初青蛙因為開始時水溫舒適而悠然自得。直至發現無法忍受高溫時，已經心有餘而力不足，被活生生的在熱水中煮熟。

青蛙之所以快被煮熟也不跳出來，並不是因為青蛙本身的遲鈍，事實上，如果將一隻青蛙突然扔進熱水中，青蛙會馬上一躍而起，逃離危險。青蛙對眼前的險境

看得一清二楚，但對還沒到來的危機卻置之不理。

這就是溫水煮青蛙法則，經營中，懂得運用這個法則，就能成功操縱顧客，讓他不知不覺中就掏出腰包。

當顧客選購衣服時，精明的售貨員總是不怕麻煩地讓顧客反覆試穿。當顧客將衣服穿在身上時，他又會不斷地稱讚。顧客頓時喜笑顏開，會很高興地買下衣服。

真誠與顧客溝通，揣摩顧客的心理，替顧客著想，就能打動顧客，引導顧客。推銷時，售貨員話不用多，但要有分量，這樣才能操縱顧客的購買欲。

對顧客的任何一種不同意見，不能置若罔聞。不僅要證實自己觀點的正確，還要打消對方的疑慮。如果對顧客的不同意見不作答覆，會讓人覺得售貨員對商品只做有傾向性的介紹。

不能把顧客的不同意見當作是不信任，相反，顧客的不同意見恰恰說明他對商品很關心，說明他有吸取你的意見和願望，這樣的顧客比光聽不說話或者只用一句話來回答問題的顧客好說服得多。不同的意見只能反映出顧客的立場，暴露出他的憂慮所在，此時，耐心地解答，剔除其疑慮，一般生意也就做成了。

另外，在具體的商業用語中，也要用溫情的話語吸引顧客。具體有以下幾個技巧：

＊避免命令式，多用請求式。

命令式的語句是說者單方面的意思，沒有徵求別人的意見，就強迫別人照著做；而請求式的語句，則是以尊重對方的態度，請求別人去做。請求式語句可分成三種說法，肯定句：「請您稍微等一等。」疑問句：「稍微等一下可以嗎？」否定疑問句：「馬上就好了，您不等一下嗎？」一般說來，疑問句比肯定句更能打動人心，尤其是否定疑問句，更能體現出營業員對顧客的尊重。

＊少用否定句，多用肯定句。

肯定句與否定句的意義恰好相反，不能隨便亂用，但如果運用得巧妙，肯定句可以代替否定句，而且效果更好。例如，顧客問：「這款有其他的顏色嗎？」營業員回答：「沒有」，這就是否定句，顧客聽了這話，一定會說：「那就不買了」，於是轉身離去。如果營業員換個方式回答，顧客可能就會有不同的反應。比如營業員回答：「真抱歉，這款目前只有黑色的，不過，我覺得高檔產品的顏色都比較深沉，與您氣質、身分、使用環境也相符，您不妨試一試。」這種肯定的回答會使顧客對其它商品產生興趣。

＊採用先貶後褒法。

比較以下兩句話：「太貴了，能打折嗎？」

1.「價錢雖然稍微高了一點，但品質很好。」

2.「品質雖然很好，但價錢銷微高了一點。」這兩句話除了順序顛倒以外，字數、措詞沒有絲毫的變化，卻讓人產生截然不同的感覺。先看第二句，它的重點放在「價錢」高上，因此，顧客可能會產生兩種感覺：

其一，這商品儘管品質很好，但也不值那麼多；

其二，這位營業員可能小看我，覺得我買不起這麼貴的東西。再分析第一句，它的重點放在「品質好」上，所以顧客就會覺得，正因為商品品質很好，所以才這麼貴。總結上面的兩句話，就形成了下面的公式：

A、缺點→優點=優點

B、優點→缺點=缺點

因此，在向顧客推薦介紹商品時，應該採用A公式，先提商品的缺點，然後再詳細介紹商品的優點，也就是先貶後褒。此方法效果非常好。

＊言詞生動，語氣委婉。

請看下面三個句子：「這件衣服您穿上很好看。」「這件衣服您穿上很高雅，像貴夫人一樣。」「這件衣服您穿上至少年輕十歲。」第一句說得很平常，第二、三句比較生動、形象，顧客聽了即便知道你是在恭維她，心裡也很高興。除了語言生動以外，委婉陳詞也很重要。

對一些特殊的顧客，要把忌諱的話說得很中聽，讓顧客覺得你是尊重和理解他的。比如對較胖的顧客，不說「胖」而說「豐滿」；對膚色較黑的顧客，不說「黑」而說「膚色較暗」；對想買低檔品的顧客，不要說「這個便宜」，而要說「這個價錢比較適中」。

如何提高自己的說服力

說服力並不取決於是否能言善辯，而決定於能適時說出適當的言辭。——哈佛箴言

想要說服別人，就要不斷地學習說服口才，提高自己的說服力。在這一點上，許多哈佛高超的說服者都留下了許多寶貴的經驗，你可以細心研習，為己所用。

任何人都希望能輕鬆地說服他人，尤其是擔任說服職務的人，更有這樣的願望。但是千萬不要誤解說服力的本意，畢竟它與饒舌不同。有的人能不費口舌就自然有說服力；有的人即使滔滔不絕，也沒有洗耳恭聽的聽眾。當然有人天生就具有說服力，但是一般來說，說服力是靠後天的經驗和努力培養而成。

提高說服力需要認真加以進修、訓練：

（1）掌握説服要點

大部分人只考慮到如何巧妙地說服他人，但能掌握「要點」的人卻非常少。例如告訴對方「如果不這麼做，公司就會有危險」，「這樣會給大家添麻煩」，「如此才可以拓展前途」，「必須拉攏他加入我方的陣營」等等，這樣才算符合說服的需要。

和人見面，想不費吹灰之力就說服對方是不可能的，若抓不住意見的重點，不但無法說服對方，反會遭到對方的反擊不得不知難而退，這就是因為該說的話表達得不夠明確的原因。

如果一開始就心生膽怯，心想「我真的能順利說服對方嗎」或「萬一遭到拒絕怎麼辦」，甚至認為「對方說的也有道理」等，這些都是因為說服的基礎不夠穩固，才想不出「如何說服對方」的手段和方法。所以說服前先檢查一下談論的內容是否必要，再開始進行說服，才可事半功倍。

（2）説服前先聽對方説

不考慮對方，只單方面談論自己的事，不但無法打動對方，反會顯得疏遠。此時，首先需要訓練的是靜聽。

任何人都希望站在說服者的立場，不喜歡被人說服，更有甚者認為讓別人說服是一種恥辱，所以努力先使對方保持平靜，消除其壓迫感，否則說服就無法成功。因此，與其自己先發言，不如先聽對方的，從談話內容中瞭解他，給予對方發表意見的機會，可以緩解他的緊張，進一步使他對你產生親切感；更重要的是，能根據對方談話找到說服的重點。

那麼要如何才能讓對方發表意見呢？可以先**誘導對方談論他感興趣及關心的話題**；至於對方有興趣及關心的話題，則**多半是他個人身邊發生的事。由此而找出對方關心的目標**，他就會道出自己的看法，這也就是我們必須側耳傾聽的內容。

（3）建立信任的關係

有的人在說服時，特別向對方表示親密的態度或用甜蜜的語言與之接近，不僅無法達成說服目的，還會引起對方警戒，甚至受其輕視。所以信任非常重要。古人說：言必行，行必果。人不能自私，只想以自己的方便操縱對方，永遠是一意孤行。所以如果有意與人交流，保持信任的關係，是必不可少的條件。信任的關係，屬於日常生活中。只要得到他人認同，而你也自認不辜負他人時，如此就能建立信任，達到圓滿的說服。做到這些，相信你將能發現說服的樂趣與效果。

（4）周密的論證

不具體的表明說服的要點會失去說服力；而不得要領的要求，也無法得到充分的效果。在工作方面，對下屬執行一個命令，自己知道意思，但是傳達不明確，容易造成被傳達者的誤解。說服者特別要具體的提示計畫，說明理由、內容、完成日期及要求的成果，不如此就很難說動對方去辦，再怎麼激勵他，他也不知從何下手。

因此必須以具體的辦法告訴對方，使其瞭解情況，他才知道如何去實施。並要求對方：「我想借助你的智慧，請你務必盡力。」能鞏固對方想做的意願。畢竟瞭解了情況，做起事來就容易。例如明示對方「這件事的結果是……」「你下次應該這麼做」等等，把自己想獲得的結果具體地告訴對方，同時在明示對方的過程中，也要經常參考對方的意見，提高對方的參與意識。讓下屬有憑自己的才能參與工作全程時，才能體會工作的意義，才能願意為你效力。如此一來，才能稱之為周密的說服。

（5）懇切的地引導對方

說服就是懇切地引導對方，按自己的意圖辦事。如果不以懇切的態度說服對方，而利用暫時的策略瞞騙對方，就無法使說服者與被說服者間有長久的和諧。當說服者暗自高興「好了！說服成功了」時，而引起被說服者「哎呀！我上當了！」的感覺，這是最拙劣的說服方法。懇切地引導對方，使對方瞭解與滿足，這時雙方的滿足度各為百分之五十，要被說服者再做百分之十的讓步，更須讓其有這種滿足感，否則被說服者無法心服口服，彼此根本無法談攏，這一點須特別注意。

（6）適當的讓步

說服必須有令雙方滿意的結果，否則不算說服成功。換句話說，說服者必須讓對方認為「哼！這次是因為我讓步，他才能成功地說服我」，如此滿足感，就是引導的最好效果。說服者應向對方表示「真謝謝你」，「沒有你的幫助我就完了」，「你如此幫我忙，我會銘記在心」等，如此表示謝意，以實際行動滿足對方的虛榮心。能證明自己的謝意行動，還可在旅途中表現。不如寫封明信片給對方，簡單說明「因為正好到你住處附近旅行，所以特地寫此信向你問候，最近好嗎？」被說服者收到明信片後，心中一定會感到「啊！他還記得那時我幫他的事」，對方會對你的禮貌產生好感。所以，禮儀一定要考慮周到，才能表示真誠的心。唯有如此仔細誠摯地表達自己，才能稱得上真正的說服。

第3課
讚美的技巧：精誠所至金石為開

你瞭解你周圍的每一個人嗎？他們具備哪些長處和短處你知道嗎？你是否看到別人哪怕是一丁點兒的改變呢？

端正心態，讚美不同於「拍馬屁」

我們極希望獲得到別人的讚揚，同樣的，我們也極為害怕別人的指責。——哈佛箴言

哈佛人認為，在現代交際中，幾句適度的讚美對成功做人來說必不可少，一個人總想客觀地瞭解自己，又想得到他人的認同，如果為他人所讚美，他往往會有種成就感，也往往對讚美他的人產生好感。在許多場合，適時得當的讚美常常會發揮它的神奇功效。

忙碌的現代人在繁忙中逐漸丟掉了許多東西，包括短短的幾句讚美之語。其實，讚揚就像是照在人們心靈上的陽光，沒有陽光，我們就無法發育和成長。讚美不僅是一種悅耳的聲音，更是一種力量，一種可以提升我們生活品質的強大力量。

古時候有一個說客，對一位長者說：「小人雖不才，但極能奉承。平生有一願望，就是要將一千頂高帽子戴給我最先遇到的一千個人，現在已送出了九百九十九頂，只剩下最後一頂了。」

長者聽後搖頭說道：「我偏不信，你那最後一頂用什麼方法也戴不到我的頭上。」

說客一聽，忙拱手道：「先生說的極是，不才從南到北，闖了大半輩子，但像先生這樣秉性剛直、不喜奉承的人，委實沒有！」

長者頓時手拈鬍鬚，洋洋自得地說：「你真算得上是瞭解我的人啊！」

聽了這話，那位說客大笑道：「恭喜恭喜，我這最後一頂帽子剛剛送給先生你了。」

在這個社會上，讚美他人的話是與人交際所必備的技巧，讚美話說的得體，會使你更迷人！

當然，讚美別人也要有技巧，因為千人千面，沒有誰會喜歡千篇一律的讚揚話。讚美別人首要的條件，是要有一份誠摯的心意及認真的態度。言詞會反映一個人的心理，因而有口無心，或是輕率的說話態度，很容易為對方識破而產生不快的感覺。

再者，要讚美別人時，也不可講出與事實相差十萬八千里的話。例如，你看到一位流著鼻涕而表情呆滯的小孩時，你對他的母親說：「你的小孩看起來好像很聰明！」本來是讚美的話，會被對方認為成一種諷刺，會得到相反的效果。若你說：「你的小孩長得好可愛。」就會變得好多了。

讚美別人時要坦誠，這樣，傳入對方耳中，感受自然和一般讚美話不同。

哈佛人認為，在與別人相處時，應該學會尊重別人，儘量減少對別人的傷害。一個和諧的人與人關係的基礎是彼此之間互不傷害。

哈佛心理學家認為，每個人都喜歡受到別人的讚美，是因為**每個人都渴望得到別人的認可和社會的肯定**，所以一句簡單的讚美之詞，可使人振奮和鼓舞，使人得到自信和不斷進取的力量。

讚賞的力量有時的確是十分驚人的，它簡直到了點石成金的程度。

美國馬斯洛層次理論認為，自尊和自我實現是一個人較高層次的需求，它一般表現為榮譽感和成就感。而榮譽和成就的取得，還需得到社會的認可。讚揚的作用，就是把他人需要的榮譽感和成就感，拱手相送到對方手裡。

當對方的行為得到你真心實意的讚許時，他看到的是別人對自己努力的認同和肯定，從而使自己渴望別人讚許的願望，在榮譽感和成就感接踵而來時得到滿足，並在心理上得到強化和鼓舞。他能養精蓄銳，更有力地發揮自身的主觀能動性，向著自己的目標衝擊。

在生活中，一個善於發現別人長處，善於讚揚別人優點的人，絕不是單方面的給予和付出，同時他也會得到很大的收穫。不知你是否也有這方面的體驗，讚揚別人，往往也會激勵自己。別人的精神會感染我們，別人的榜樣會帶動我們，人家可以，而我們又為什麼不可以呢？

讚美別人不被關注的地方

有不少人，他們喜歡聽相反的話；更有許多的人，喜歡別人把他們當做有思想、有理智的思想家。——哈佛箴言

哈佛的心理學家吉斯菲爾指出：

「有一回，我與一個人討論一件頗有爭議的社會問題，我對他說：『因為你是這樣的冷靜、敏銳，因此我想知道，我們究竟應該站在什麼立場？』他聽了我的話，立刻現出洋洋得意的樣子，並詳細對我說了他對此事的立場態度。原來此人是願意人家看他是敏銳、冷靜的。」

「幾乎所有女人都是很質樸的，但對儀容妖媚，她們是至深癖愛，孜孜以求的。這是她們最大的虛榮，並且常常希望別人讚美這一點。但是對那些有沉魚落雁

之容、閉月羞花之貌的傾國傾城的絕代佳人，那就要避免對她容貌的過分讚譽，因為她對於這一點已有絕對的自信。如果，你轉而去稱讚她的智慧、仁慈，如果她的智力恰巧不及他人，那麼你的稱讚一定會令她芳心大悅、春風滿面的。」

人不分男女，無論貴賤，都喜歡聽合其心意的讚譽。這種讚譽，能給他們加倍的能力、成就和自信的感覺。這確實是感化人的有效的方法。

要使頌揚能夠奏效，我們心中就要掌握各人性情的不同之處，便能區別對待，有的放矢，從而達到目的，把事情辦好。

一般常人身上，都有著難以察覺的閃光點，而這些正是個人價值的生動體現。而一個偉大的領導者，往往獨具慧眼。大多是讚頌別人的專家。美國前總統羅斯福的才能，就表現在對正直人給予恰當的稱讚上。

人們聽到的讚美多了，常常會對一些讚美一笑而過，並不很在意。但是如果你說出的讚美對方的話，是別人不常關注的地方，那麼你的讚美一定會讓對方為之一驚：「原來你才是瞭解我的人！」因為你挖掘出了別人沒有注意到的優點。

如果讚美他人一個不被人關注的地方，更有可能贏得對方的好感。並且，在讚美的同時，可以更好的表達我們的善意，從而傳達我們的信任和情感。

讚美別人不被關注的地方，不僅會給別人出乎意料的驚喜，而且，也不讓自己被懷疑是在故意奉承討好。

當然，欣賞別人也得懂得一些技巧。具體該怎麼去做呢？

1.要儘量去欣賞他人不太自信或不被眾人所知的優點。如果一個國家級運動員和你第一次見面，你表示欣賞他的運動成績，只會讓他微微一笑，不會產生什麼特別的感覺；而如果你表示欣賞他的風度和氣質，他會非常高興。

2.欣賞別人不能無中生有。如果你去讚賞對方根本沒有的優點甚至是缺點，他會懷疑你是否在諷刺他；要麼會認為你這人是個善於說假話、奉承拍馬的人。

3.單獨對待每個人總能給人一種被欣賞的感覺。當你到朋友家做客，朋友向你介紹了他的三個孩子後，你不是點頭微笑，而是走過去同他們一一握手並問好，他們馬上會對你產生好感。

當面恭維，不如背後誇獎

對一個人說別人的好話時，當面說和背後說是不同的，效果也不會一樣。你當面說，人家會以為你不過是奉承他，討好他。當你的好話在背後說時，人家認為你是出於真誠的，是真心說他的好話，人家才會領你的情，並感謝你。——哈佛箴言

秘密在告訴別人後就不成其為秘密。然而，我們卻常在許多場合裡，聽過或者說過：「我告訴你一件秘密，你可不能再告訴別人！」我們總是天真地認為對方會保守秘密，絕不會再讓他人知道，殊不知隱藏不住秘密是一般人的常情，而秘密終究會傳到當事者的耳朵裡。

倘若傳遞的事件有關個人的名譽時，其影響力之大將不可比擬。令人心悸的

是，如果這秘密是惡意的抨擊批評，在告訴他人時，連聽話的也極有可能對你產生不安，懷疑你這種人在他處也會採取同樣的行動來誹謗自己。至於傳到當事者耳朵裡的後果當然更不用說。

哈佛的心理學家因此分析，如果以「我告訴你一件秘密，你可不能再告訴別人」的方式來間接表達讚美之詞，是不是能獲得比預期更好的效果呢？經過調查，答案是肯定的。利用這種人性弱點，將稱讚之詞傳出去，的確是恭維別人、尊崇他人的良好方法。

背後的稱讚比當面的讚美，更能獲得他人的歡欣。人們都討厭背後說別人壞話的小人，一方面是背後說壞話，會有中傷別人的感覺，另一方面，人們會覺得背後的評價更能體現那個人內心的真實想法。因此，當他知道一個人在背後讚美自己的時候，他也會感覺你真的是這樣想的，會更加的高興。不要擔心你在別人面前說另一個人好話，那些好話當事者不會聽見，這世界沒有不透風的牆，就算讚美傳不到他本人耳朵裡，別人也會因為你在背後誇獎人而更加敬重你。

《紅樓夢》中有這麼一段：

史湘雲、薛寶釵勸賈寶玉作官為宦，賈寶玉大為反感，對史湘雲和襲人讚美林黛玉說：「林姑娘從來沒有說過這些混帳話！要是她說這些混帳話，我早和她生分了。」

湊巧這時黛玉正來到窗外，無意中聽見賈寶玉說自己的好話，不覺又驚又喜，又悲又歎。結果「寶黛」兩人互訴肺腑，感情大增。

因為在林黛玉看來，寶玉在湘雲、寶釵、自己三人中只讚美自己，而且不知道自己會聽到，這種好話就不但是難得的，還是無意的。倘若寶玉當著黛玉的面說這番話，好猜疑的林黛玉只怕還會說寶玉打趣她或想討好她呢。

讚美是一種學問，其中奧妙無窮，但最有效的讚美則是在第三者面前讚美人。這種方法不僅能使對方愉悅，更具有表現出真實感的優點。假如有一位陌生人對你說：「我的朋友經常對我說，你是位很了不起的人！」相信你感動的心情會油然而生。因為這種讚美比起一個人當面對你說：「先生，我是你的崇拜者，」更讓人舒坦，也更容易相信它的真實性。

「前」與「後」的關係構成一個整體，所謂「思前想後」講的就是這個道理。**人生也有「前臺」與「後臺」，即如何處理好人前與人後的關係，往往影響很大。**堅持在背後說別人的好話，對你的人緣會有意想不到的影響。

讚美有度，嚴禁陳詞濫調

凡事要有個限度，如果你超過限度，恭維就成了巴結、拍馬屁了。除了沒有達到你預期的效果，更有可能適得其反。——哈佛箴言

讚美是一門學問，是人際關係中最能打動人心的語言。哈佛人指出，許多人常犯的一些錯誤，見了什麼都說好，信馬由韁、天花亂墜、不懂裝懂，本來的讚美之言，聽起來卻像諷刺。作為一個讚美者，**讚美不適度，反而會適得其反。因此，讚美別人也要講求分寸和方法。**

例如，當主管講完話，你馬上說：「這樣做最好，這真是明智的決定。」所有人都會認定你是在拍馬屁，連你的主管都會覺得不自在。

換一種方式，當你的主管講完話，你稍微停一下，說：「這麼一來，我所有的

問題都解決了……」你這是在恭維別人，但也說的是事實，所以，恭維需要適度。

審時度勢，因人制宜。人的素質有高低之分，年齡有長幼之別，所以讚美要因人而異，突出區別。有特點的讚美比一般化的讚美能收到更好的效果。老年人總希望別人不忘記他「當年」雄風，所以同他們交談時，可多稱讚其引以自豪的過去；對年輕人，不妨語氣稍微誇張地讚揚他的創造才能和開拓精神；對於經商的人，可稱讚他頭腦靈活、生財有道；對知識分子，可稱讚他知識淵博、寧靜淡泊……

情真意切，有理有據。雖然人都喜歡聽讚美的話，但並不一定任何讚美都能使對方高興。你若虛情假意地讚美別人，他不僅會感到莫名其妙，更會認為你油嘴滑舌、詭詐虛偽。如果你基於事實發自內心的讚美，會引起對方的好感。

例如，當你見到一位其貌不揚的小姐，卻偏要對她說：「你真是美極了。」對方肯定認為你是虛偽的人，或是為了諷刺她。但如果你注意到她的服飾、談吐、舉止，發現她這些方面的出眾之處並真誠地讚美，她一定會欣然接受。

真誠的讚美不但會使被讚美者產生心理上的愉悅，還可以使你經常發現別人的優點，從而使自己對人生持有樂觀、欣賞的態度。具體來說：

一要**詳實具體，深入細微**。在日常生活中，有顯赫功績的人畢竟是少數，而大多數人都只不過是普通勞動者。因此，與人交往時應從具體的日常事件入手，善於發現對方哪怕是最微小的長處，並不失時機地予以讚美。

讚美用語越詳實具體，證明你對對方越瞭解，對他的長處和成績越看重。讓對方感到你的真摯、親切和可信，你們之間的距離就會越來越近。如果你只是含糊其辭地讚美對方，說一些「你工作得非常出色」或者「你是一位卓越的領導」等空泛飄浮的話語，只能引起對方的猜疑，甚至產生不必要的誤解和信任危機。

二要**合乎時宜，適可而止**。讚美的效果在於相機行事、適可而止，用一句古人的話來形容便是：「美酒飲到微醉後，好花看到半開時。」當別人正籌畫做一件有意義的事時，最初的讚揚能激勵他下決心做出成績，中間的讚揚有益於對方再接再厲，事成之後的讚揚則可以肯定成績，為對方指出進一步的努力方向。

三是**「雪中送炭」勝過「錦上添花」**。俗話說：「患難見真情。」最需要讚美的不是那些早已功成名就的人，而是那些因被埋沒而產生自卑感或身處逆境的人。他們平時很難聽到一聲讚美的話語，一旦被人當眾真誠地讚美，便會為之一振，說不定還能大展宏圖。因此，最有實效的讚美不是「錦上添花」，而是「雪中送炭」。

另外，讚美並不一定總用一些固定的詞語，見人便說「好……」，有時，投以讚許的目光、做一個誇獎的手勢、送一個友好的微笑也能收到意想不到的效果。

俏皮一點，讚美貴在自然

讚美是上帝的福音，是接近人與人之間距離的融合劑。——哈佛箴言

讚美貴在自然，它要求的是一種**感情的自然流露**。只要你覺得能夠讓對方知道自己的敬佩之情，對方開心，自己也開心，那就足夠了。

你的朋友得了獎狀，你可以嬉皮笑臉地對他說：「這麼大的獎狀你分我一半好不好？」也可以說：「既生我，何生你。」還可以故作生氣，道：「你再這麼風光下去，不是叫我沒臉活啦？」等等。這種俏皮的稱讚方式使人顯得幽默、年輕且充滿活力，因此，它在各個年齡階段都很受歡迎。

另外，身體語言可成為無聲勝有聲的讚美。所以，你要學會用眼神和表情等身體語言去讚美別人。《紅樓夢》裡有這麼一段文字：

這熙鳳攜著黛玉的手，上下細細打量了一回，仍送到賈母身邊坐下，因笑道：「天下真有這樣標緻的人物，我今兒才算見了！況且這通身的氣派，竟不像老祖宗的外孫女兒，竟是個嫡親的孫女，怨不得老祖宗天天口頭心頭一時不忘。只可憐我妹妹這樣命苦，怎麼姑媽偏就去世了！」說罷便用帕拭淚。

當賈母笑著讓她別再提及那些傷心話題時，這熙鳳聽了，忙轉悲為喜道：「正是呢！我一見了妹妹，一心都在她身上了，又是喜歡，又是傷心，竟忘記了老祖宗。該打，該打！」又攜著黛玉之手，吁長問短，吩咐婆子們去準備房間。

「熙鳳攜著黛玉的手」，可見其認真、親切，也是一種欣賞的方式。「上下細細打量了一回」、「用帕拭淚」，則極生動地展示了熙鳳對「林妹妹」的疼愛。眼神的力量也非常大，口上雖然不說，但嘴角的微笑就如同讚美「做得好」。這種讚美的方法可讓對方感動，常會感到「辛苦有了回報」的滿足。

記住他的名字，是對他巧妙的讚美

記住對方的名字，在商業界和社交上都很重要。記住對方的名字並把它叫出來，等於給對方一個很巧妙的讚美。而若把他的名字忘了或寫錯了，就會處於非常不利的地位。——哈佛箴言

哈佛的心理學家曾經說過：「一個人的姓名是他自己最熟悉、最甜美、最妙不可言的聲音，在交際中最明顯、最簡單、最重要、最能得到好感的方法，就是記住他的名字。」

所以，**記住別人的名字是你走向成功的第一步**。可能會有人認為這是小題大做，但不可否認的是現代社會中人們希望被尊重、被承認的心態越來越強，使對方有被尊重的感覺，同時使自己贏得對方的好感。

吉姆法里沒有在學校裡教過一堂課，但是在他四十六歲之前，已經有四所學院授予他榮譽學位，並且他還成了民主黨全國委員會的主席、美國郵政總局局長。原來，他有一種驚人的本領——記住別人的名字。

一次，卡內基去訪問他，向他請教：「據說您可以記住一萬個人的名字。」

「不，您弄錯了。」他說，「我能叫出五萬個人的名字。我在為一家石膏公司推銷產品的時候，學會了一套記住別人名字的方法。」

「這是一個極其簡單的方法。我每當新認識一個人，就問清楚他的全名、家裡的人口，以及幹什麼行業、住在哪裡。然後把這些牢牢地記在腦海裡。」吉姆法里說，「記住人家的名字，而且很輕易地叫出來，等於給別人一個巧妙而有效的讚美。因為我很早就發現，人們對自己的姓名看得驚人的重要。」

吉姆法里看到了人性的一個弱點：**「對自己的名字都非常重視。」**不少人拼命地不惜付出任何代價使自己的名字永垂不朽。這種特徵兩百年前就有記載，一些貴族把錢送給作家們，請他們給自己著書立傳，使自己的名字留傳後世。現在，我們看到的所有教堂，都裝上彩色玻璃，變得美輪美奐，以紀念捐贈者的名字。由此可見，一個人對他自己的名字比對世界上所有的名字加起來還要感興趣。

安德魯・卡內基被稱為鋼鐵大王，但他自己對鋼鐵的製造卻懂得很少。他手下有好幾百個人，都比他瞭解鋼鐵。

卡內基小時候就表現出很強的組織才華和領導才能。十歲的時，他就發現人們對自己的姓名看得很重要。有一次，他發現了一整窩的小兔子，但沒有錢餵牠們。於是，他想出一個妙法，他對附近的那些孩子們說，如果他們找到足夠的苜蓿草和蒲公英餵飽那些兔子，他就以他們的名字來替那些兔子命名，最後孩子們十分樂意地幫他餵飽了兔子。

他正是利用這個發現，去贏得了別人的合作。

獲得別人好感的既簡單又重要的方法，就是牢記別人的姓名。善於記住別人的姓名，既是一種禮貌，又是一種情感投資。姓名是一個人的標誌，人們由於自尊的需要，總是最珍愛它，同時也希望別人能尊重它。在人際交往中，記住別人的姓名可謂小事一樁，但往往能收到超乎尋常的效果。

所以你要想在交際場中贏得主動，就要熟記對方的姓名。但是，每天都要面對很多的新面孔，要想記住別人的名字，委實有點困難。這裡面是有一定的技巧和方法的。

法蘭西國王拿破崙三世曾經說過，他可以記住他所見過的每個人的名字。他用了什麼神奇的方法，以至於讓他記住了他見過的不計其數的人的名字呢？

其實很簡單，如果他沒有聽清那個名字，會立即說：「十分抱歉，我沒有聽清您的名字。」

如果對方的名字很生僻的話，他又會向別人請教名字的拼寫方法。還有，他在談話過程中，會不斷重複著對方的名字，並結合對方的外貌、言談等特徵，在心裡做一個輪廓式的記憶。

拿破崙則使用「以特徵來記憶對方名字」的方法。每個人身上都有特徵，比如身材特別高，是個彪形大漢，或者身體細長，像個電線杆；又或者雙目明亮，熠熠生輝；或細如鼠目，游離不定等等。

除了相貌上的特徵，你還可以找出他在其他方面的特徵，比如說話的速度和語調，以及手勢動作等等。你把他的特徵記下來，同時與他的姓名連在一起，回去之後再花一點時間去強化一下，就自然會記得很熟了。還有一個竅門，就是在和對方分開後，馬上用筆把他的名字和特徵寫下來，放在你的「檔案」裡，可以寫在筆記本上，也可以記在手機裡，這樣就不怕忘記了。

當然，你和別人交談的時候，不應該將你企圖想找別人特徵的想法表現出來，更不要因為急於記住對方而忽視了你們之間的交談，這是得不償失的做法。所以，在你做這項「工作」的時候，態度要自然，不要露出失態之舉，所有的動作，只保留在你心裡就可以了。

此外，我們之所以容易忘記別人的名字，多數情況下是因為沒有集中精力聽他們自我介紹。所以，當他人作自我介紹的時候，你應當全神貫注，讓對方覺得他的名字對你很重要。

在你記住了別人的姓名之後，就要學會應用。下次再和他見面交談的時候，抓住時機，喊一次他名字，試試看，看他是不是被感動了。當然，在什麼時候稱呼別人的名字，也要注意，不能不分時間場合地去喊叫，這樣反倒會產生相反的效果。

你所要做的，只不過是記住一個名字——天底下沒有比這更簡單的事了！

不忽略身邊每一件值得讚美的「小」事

你瞭解你周圍的每一個人嗎？他們具備哪些長處和短處你知道嗎？你每天有沒有看到周圍的一些細微變化呢？你是否看到別人哪怕是一丁點兒的改變呢？——哈佛箴言

很多人都精通讚美之詞，但是，大多數人卻不願從小事上去讚美別人，只是認為遇到大事、重要的事時，才有讚美的必要。事實上，這是現實生活中的重重障礙遮住了他們的視線，讓他們看不到小事也有值得讚美的亮點。

出現這樣想法的首要原因，就是因為人與人之間的分工不同，責任不同，使人們認為別人所做的事、所取得的成績都是分內之事，是「應該」的，沒有讚美的必要。在這種心理驅動下，很多人都不能正視別人的小成績。還有些人是胸懷「治國濟天下」的「大志」，但卻眼高手低，對眼前的「小打小鬧」不以為然，認為那些事只是普普通通的，沒什麼了不起，小菜一碟，形同虛無。這些態度都是因為我們不懂得讚美的分寸造成的。

如果單純就小事而論，它的確沒有相當重要的意義。但如果我們用辯證法的觀點去考察，就會發現一件小事往往會引發大事，幾件小事累積在一起，就可能產生出人意料的事。

千里之堤，潰於蟻穴，一滴水珠都可以拯救沙漠中的迷路者，可見小事不可小視。

要學會讚美別人，改善你的人際關係，就要**學會從小事開始讚美別人**，做一個有心之人，善於發掘讚美的材料，看到小事背後的重大意義。小事需要發掘、加工，如此才能產生神奇的效果。如果你沒有一雙識別它們的慧眼，它可能就會永遠被埋在瑣碎之中。

實際上，我們的生活就是由無數的小事和有數的大事組成。如果我們只是睜大眼睛注視大事，忽略小事，那麼你是否發覺生活在很大程度上是空虛的呢？相反，如果我們都能去關注發生在自己周圍的一些小事，去發掘一滴水中的世界，那麼在彼此的讚美聲中，所獲得的就是世間蕩漾著的溫情。

不過，讚美別人也不是張張口，說說好話就能達到目的，尤其是在讚美一些小人物、小事件時，更要有一個分寸。高帽儘管好，可尺寸也要合乎規格才行，過度地戴高帽只能適得其反。如果別人發現你言過其實時，常常會因此感到自己受到了愚弄。所以與其不去恭維，也不要誇大無邊際。

讚美他人的方式各種各樣，而且是千變萬化，在嬉笑怒罵間甚至都能收到出奇的效果，從而增進朋友間的友誼，獲得良好的人際關係。而要達到你期望的目的，就要於細微之處下功夫，不忽略你身邊每一件值得讚美的小事。

以下教你兩個哈佛大學課上最基本的讚美方法。

（1）誇人減齡

芸芸眾生，每一個人都希望自己永遠年輕。因此成年人對自己的年齡非常敏感。由於成年人普遍存在怕老心理，所以「誇人減齡」就成了討人喜歡的說話技巧。一個六十多歲的人，你說他看上去只有五十歲，這種說法對方是不會認為你缺乏眼力，對你反感的，相反，他會對你產生好感，願意與你聊天。

「誇人減齡」這種方法只適用于成年人（特別是中老年人），相反，對於幼兒、少年，用「逢人長命」（年齡往大了說）的方法效果較好，因為他們有一種渴望成長的心理。

（2）遇貨添錢

貨，就是購買物品。買東西是再平常不過的日常行為。在我們的心中，能用「廉價」購得「美物」，那是善於購物者所具有的特質，那是精明人的一種象徵，雖然大多數人不是精明購物者，但人們還是希望自己的購物能力得到別人的認可。因此，當我們買了一件物品之後，如果花了五十元，而被認為只需三十元時，內心就會有一種失落感，覺得自己不會買東西；但當我們只花三十元，別人卻認為要五十元時，內心則有一種得意感，由於這種心態的存在，「遇貨添錢」這種說話方式也就能打動人心。

第 4 課

幽默的力量：跟任何人都聊得來

只有將幽默靈活駕馭的人，才會為語言增加色彩，提高自己的吸引力和風度。

畫龍點睛，一語驚人

一般的生活用語大都簡短有力。比如在日常交流中，經過很長時間的沉默後，以一兩句畫龍點睛的話去作總結，就會產生令人難以抗拒的幽默效果。——哈佛箴言

在有限的時間和空間內，哪怕是第一次見面，幽默都能讓你一展才華，令人耳目一新，印象深刻。

語言不是萬能的，不過有時候一句適當的話，卻能夠在適當的場合發揮出千言萬語都不能達到的作用。

雅典的首席執政官聽說哲學家保塞尼亞斯是一個能言善辯的人。這

天，他派人把保塞尼亞斯找到貴族會議上來，對他說：「貴族會議的成員，每個人都有一個問題要問你，你能不能用一句話來回答他們所有的問題？」

保塞尼亞斯不假思考地說：「那要看看都是些什麼問題了。」

議員接連不斷地提出了幾十個不同的問題。

當問題提完後，保塞尼亞斯還是不假思索地回答：「我全都不知道！」說完，他轉身走出了貴族會議大廳。

上面這個幽默是屬於善辯一類，善辯所表現出的常常是說話者的聰明智慧，敢於或者勇於表現自己。保塞尼亞斯就很好地表現出駕馭語言遊刃有餘、揮灑自如的風度。

幽默不但可以保護自己，還可以將自己的個人魅力不斷提升。

「一語驚人」的幽默有「秤砣雖小壓千斤」的力度和「片言明百句，坐役馳萬里」的廣度。由於「一語驚人」的幽默具有這一特點，我們在交談中使用這一技巧時，就應該用最簡潔、明瞭的語言表達出自己的意思，切忌拖泥帶水。

說「不」更需要幽默

說話講究策略，說「不」更要有策略，否則「拒絕」二字將給你的生活增添不少麻煩。——哈佛箴言

古希臘哲學家畢達哥拉斯說過：「說最短、最老的字——「好」或「不」，都需要最慎重的考慮。」

在生活中，有許多你不想面對的事情，要出其不意地敲他一下，以便打退對方。若缺乏機會，不妨製造機會，先使對方興高采烈，使用幽默的語言，然後趁對方缺乏心理準備，仍是笑臉嘻嘻時，找到藉口及時退出，達到拒絕的目的。

明朝郭子章所著《諧語》裡說，有朋友求在朝中當官的蘇東坡為他謀個差使，蘇東坡就幽默地回絕了他。

蘇東坡對來求他的這個朋友說：「以前有個盜墓人，掘了第一個墓，內為一個赤身裸體的人，是主張裸體下葬的王陽孫；掘了第二個墓，掘出了漢文帝，這個皇帝是不准隨葬金銀玉器的；第三個墓裡掘出了餓死在首陽山的伯夷；盜墓人還想繼續掘第四個墓，伯夷說：『別費心了，我弟弟叔齊也無門路！』」有所求的人聽了這個故事，便知趣地走了。

可見回絕也需要幽默。無論別人對你的要求是聽從還是反對，你都有權力說「不」，只有這樣，你才能顧及自己的實際情況，同時以真誠的態度面對對方。

幽默不是惡搞，別賠了夫人又折兵

只有將幽默靈活駕馭的人，才會為語言增加色彩，提高自己的吸引力和風度。——哈佛箴言

幽默不是惡搞，也不是簡簡單單逗人一樂。幽默既要機智、會心，又要有一些灑脫和大度。但如果在不切合場景，只學會幽默的皮毛，卻抓不住幽默的實質，結果輕則成為無人理睬的冷笑話，重則賠了夫人又折兵。

（1）多準備一些「炮製」幽默的原料

很多人都知道幽默的作用，也非常想成為一個幽默的人，但總是覺得自己沒有幽默的細胞，無論怎麼樣都不能談笑風生。其實，幽默也是一種能力，不是每個人與生俱來的，這需要生活環境的薰陶和後天的培養。要做到在說話或演講中幽默自

如、遊刃有餘，就要提前準備好幽默素材。

英國前首相狄斯雷利有一次演講得十分成功，妙趣橫生。有個年輕人向他祝賀說：「您剛才那席即興演說真是太棒啦！」

狄斯雷利回答道：「年輕人，這篇即興演說稿我準備了二十年。」

狄斯雷用「準備了二十年」的幽默，告訴了演講者一個道理——要想發表一個成功的演說，要想和聽眾打成一片，就要花時間去收集一些笑話、故事、趣聞或妙語，這些幽默的「佐料」會使你進入他們的興趣和思想之中。

任何偉大的即興演說家，都是通過這種努力獲得成功的。他們一旦上了台，就會妙語連珠，使聽眾如癡如醉。所以，要想成為一個幽默的人，就要在平時多細心積累幽默的素材。如果在你的腦海裡，熟練地記憶著幾百個幽默笑話，你張口就能說出來，怎麼可能會不幽默呢？

那麼，在日常的生活中該怎樣去積累幽默的素材呢？可以從自身或者身邊的事物裡來找素材，這樣你就會發現自己是一個十分幽默的人。

（2）從自己的姓名上找素材

一個姓胡的老教授很是幽默。在七十九歲高齡時，胡先生健步登上講臺，對眾多學生朗聲說笑道：「我姓胡，『糊裡糊塗的胡』。」

學生們在胡先生謙虛的自我介紹中漸漸進入聽講的佳境。

許多人的姓氏和名字都可能很平常，很難從中找出幽默素材來，那也不必完全圍繞姓名打轉，其他的幽默素材還有很多。

（3）從自己的屬相上找素材

這是一位屬豬的男士在他生日宴會上的一段演講。他說：「各位朋友，女士們，先生們，歡迎光臨寒舍。近日物價上漲，豬肉走俏，我也年長了一歲，身價也翻了一番，因此在我這高老莊特備些薄酒，與眾人同樂。」一番話引得大家開懷大笑。

（4）在自家的寵物身上找靈感

有一天，一位女士帶著她家的小狗逛公園，一位老太太看到她的狗，很奇怪地問道：「為什麼你家小狗的尾巴不是左右擺動，而是上下搖擺？」

她回答道：「這完全是環境所致。我給牠做的窩還是兩年前的，那時候牠還很小。」

（5）發牢騷也能產生幽默效果

一個年輕人過生日，他說：「今天是我的生日，哎，又長了一歲，可惜我一表人材，居然沒一個女孩愛上我，你們說是不是很奇怪。我在這兒和你們打賭，明年的今天，諸位等著瞧吧。」

這時，有人開玩笑說：「還等著瞧你這條光棍啊。」在場的人都笑成一團。

如果說語言是心靈的橋梁，那麼幽默便是橋上行駛最快的列車。它穿梭在此岸與彼岸之間，時而鮮明時而隱晦地表達著某種心意，並以最快捷的方式直抵人的心靈，提升幽默者在對方心中的分量。

在人際交往中，輕鬆幽默地開個得體的玩笑，可以鬆弛神經，活躍氣氛，營造出一個輕鬆愉快的氛圍，因而幽默的人常常受到人們的歡迎與喜愛。但是，玩笑一旦開得不好，幽默過了頭，效果就會適得其反。因此掌握幽默的分寸是非常重要的。要想幽默得體，你需要注意下面幾個問題。

幽默內容要高雅

幽默的內容取決於幽默者的思想情趣與文化修養。幽默內容粗俗或不雅，有時也能博人一笑，但過後就會感到乏味無聊。只有內容健康、格調高雅的幽默，才能給人以啟迪和精神享受，而且也是對自己美好形象的成功塑造。

幽默態度要友善

幽默是感情互相交流傳遞的過程。如果借幽默來達到對別人冷嘲熱諷、發洩內心厭惡和不滿感情的目的，那麼這種玩笑就不能稱為幽默。

幽默要分清場合

美國總統雷根一次在國會開會前，為了試試麥克風是否能用，張口便道：「先生女士們請注意，五分鐘之後，我們將對蘇聯進行轟炸。」一語既出，眾皆譁然。

對此，前蘇聯政府對美國提出了強烈的抗議。

顯然，雷根在不恰當的場合和時間裡，開了一個極為荒唐的玩笑。在莊重嚴肅的場合裡幽默一定要注意分寸。

幽默也要分清對象

我們身邊的每個人，因為身分、性格和心情的不同，對幽默的承受能力也有差異。同樣一個玩笑，能對甲開，不一定能對乙開；能對乙開，卻不一定也能對甲開。一般來說，晚輩不宜同前輩開玩笑；下級不宜同上級開玩笑；男性不宜同女性開玩笑。

在同輩人之間開玩笑，也要注意對方的情緒和性格特徵。如果對方性格外向，能寬容忍耐，幽默稍微過大也無妨；若對方性格內向，喜歡琢磨言外之意，幽默須要慎重。對方儘管平時生性開朗，但若恰好碰上不愉快或傷心之事，就不能隨便與之幽默。相反，對方性格內向，但正好喜事臨門，此時與他開個玩笑，幽默的氛圍也會一下子突現出來。

自嘲是解除尷尬的良藥

箴言

一個人如果能夠嘲笑自己，大抵也可以察覺別人的可笑。——哈佛

人際交往中，在人前蒙羞，處境尷尬時，用自嘲來對付窘境，不僅能很容易找到臺階，而且多會產生幽默的效果。所以自我解嘲，自己先笑起來，是很高明的一種脫身手段。

自嘲不是自貶和怯弱，而是一種瀟灑的自尊。大度的情懷，人際場上、官場上、生意場上，自嘲是輕鬆地保持自尊的武器，即使真的遇尷尬事，自嘲一句便也找了臺階下。

自嘲誰也不傷害，最為安全。可以用自嘲來活躍談話氣氛，消除緊張，也可以

在尷尬中自找臺階，保住面子。

自嘲，是一種幽默的說話方式，一種幽默的生活態度，一種心理調節的方式，一種人生智慧的表現。

自嘲，是宣洩積鬱、製造心理快樂的良方，學會自嘲，你就會擁有一個平穩、健康的心理，一副健康的體魄。

自嘲者，必定熱愛生活，有生活情趣。不熱愛生活的人，不會去找樂，更不會在自己身上找樂，他只會在別人身上找樂來滿足自己。

古代有個石學士，一次騎驢不慎摔在地上，一般人一定會不知所措，可這位石學士不慌不忙地站起來說：「虧我是石學士，要是瓦的，還不摔成碎片？」一句妙語，說得在場的人哈哈大笑，這石學士也在笑聲中免去了難堪。

嘲弄他人是缺德，嘲弄自己是美德。一個會自嘲的人，往往就是一個富有智慧和情趣的人，也是一個勇敢和坦誠的人，更是一個將自己上上下下、裡裡外外看得很明白的人。

在社交中，當你陷入尷尬的境地時，借助自嘲，也往往能使你從中體面地脫身。

在某俱樂部舉行的一次招待會上，服務員倒酒時，不慎將啤酒灑到一位賓客那光亮的禿頭上。服務員嚇得手足無措，全場人目瞪口呆。

這位賓客卻微笑地說：「老弟，你以為這種治療方法會有效嗎？」在場的人聞聲大笑，尷尬局面即刻被打破了。

這位賓客借助自嘲，既展示了自己的大度胸懷，又維護了自我尊嚴，消除了恥辱感。

孔老夫子到了鄭國，與弟子們失散了，孔子獨自站在城郭東門，鄭人對子貢說：「東門有個人，長得奇形怪狀，模樣好像喪家之狗！」子貢就把這話告訴了自己的老師，孔子欣然笑說：「說我像喪家之狗，是這樣的啊，是這樣的啊！」

一代宗師讓人當著學生的面被罵作「喪家之狗」，而孔子卻樂呵呵地接受下來。

有些人自尊心強烈而敏感，因而也特別脆弱，稍一觸可能會「破碎」，輕則拉下臉來，重則立即還擊，結果常常是爭了面子沒面子。

善於自嘲者的自尊心就「皮實」得多，輕易傷不著。你說我是混蛋，我說不勝榮幸，你還說什麼呢？

自嘲誰也不傷害，最為安全。可以用自嘲來活躍談話氣氛，消除緊張，也可以在尷尬中自找臺階，保住面子。

所以，自嘲的情懷，從某種程度上講是一個健全人格的表現，生活中的甜酸苦辣，得失寵辱，都可以付之一笑，那是多麼博大的胸懷。

運用幽默進行管理

在富有幽默藝術的領導、主管周圍，很容易聚集一批為他效力的員工，主管的幽默可以化解許多尷尬，維護員工的自尊。——哈佛箴言

幽默作為一種激勵藝術，在日常的交往中有著重要的作用。美國歷史上的許多重要人物，如林肯、羅斯福、威爾遜等，都是善於運用幽默藝術的代表。

有一次，林肯與一位朋友邊走邊交談，當他們走至迴廊時，一隊早已等候多時、準備接受總統訓話的士兵齊聲歡呼起來，但那位朋友還沒有意識到自己應退開。這時，一位副官走上前來提醒他退後八步，這位朋友才發現自己的失禮，立即漲紅了臉，林肯微笑著說：「白蘭德先生，你要

知道也許他們還分辨不清誰是總統呢！」一句簡簡單單的話語，立刻打破了現場的尷尬氣氛。

人應該善待自己，善待他人，善待生活中的失敗、痛苦，甚至身體的缺陷，如果你換個角度去看，用有趣的思想，輕鬆的心態去對待，也許你的生活就會充滿亮色，你本來憂鬱的心情就會變得明朗。

美國一位肥胖的女政治家在競選演講中自我解嘲：「有一次我穿上白色的泳裝在大海裡游泳，結果引來了蘇聯的轟炸機，以為發現了美國的軍艦。」結果在笑聲中，選民反不以其肥胖為意，使她在競選中處於優勢。

幽默還可以使人與人之間的關係變得融洽，使公司的內部矛盾得以化解。經濟的衰退使公司不得不面對裁員問題時，還可以利用幽默化解裁員過程中可能出現的各種風險。

在漫長的人生道路上，每個人都難免會與逆境狹路相逢，很多人畏懼逆境帶來的動盪和痛苦，但從長遠看，時常有些小挫折，倒是更能使人保持頭腦清醒，經受得住考驗，也更能磨礪人的意志。

幽默的人相信失敗是成功之母。失敗和成功在一定條件下是可以相互轉化的，正因為曾經有失敗，所以才能在不斷地總結失敗的教訓後獲得成功。如果一個人一直都被成功包圍，那麼，偶爾一次小小的失敗對他來說，可能就是一次相當殘酷的考驗，失敗可能就會如影隨形。

幽默中滲透著堅強的意志。有幽默感的人往往是一個奮力進取的弄潮兒。他們面對失敗的打擊，惡劣的環境，能夠以幽默的態度自強不息。

發明家愛迪生就是一個善於以幽默的態度對待失敗而又不斷進取的人。愛迪生在發明電燈的過程中，試驗燈絲的材料失敗了一千兩百次，總是找不到一種能耐高溫又經久耐用的好金屬。這時有人對他說：「你已經失敗一千兩百次了，還要試下去嗎？」

「不。我並沒有失敗。我已經發現一千兩百種材料不適合做燈絲。」愛迪生幽默地說。

學會從失敗中看到希望，在挫折中找到鼓舞。面對失敗，要百折不撓，才能走向成功。

用幽默建立融洽的同事關係

得心應手地使用幽默口才與同事交流，它會幫助你一步一步走向你所期待的成功。——哈佛箴言

同事是自己工作上的夥伴，與同事相處得如何，直接關係到能否把工作做好。同事之間關係融洽，能使人們心情愉快，有利於工作的順利進行；同事之間關係緊張，經常互相拆臺，發生矛盾，就會影響正常的工作，阻礙事業的發展。

職場上，難免會有人對你的行為感到不滿。如果你讓這種不滿持續下去的話，那你的升職之路要想走得順利恐怕就很難了。而幽默正是調節同事間感情和情緒的「潤滑油」，恰當運用就能輕鬆處理好同事之間的關係。

哈威・柯爾曼擔任美國電報電話公司、可口可樂公司以及默多克等公司的顧問。他將影響人們事業成功與否的因素作了如下的劃分：

「工作表現只占百分之十，給人的印象占百分之三十，而在公司內曝光機會的多少則占百分之六十。」

柯爾曼認為，在當今這個時代中，工作表現好的人太多了。工作做得好也許可以獲得加薪，但並不意味著能夠獲得晉升的機會。他發現，晉升的關鍵在於有多少人知道你的存在和你工作的內容，以及這些知道你的人在公司中的地位影響力有多大。

真正具有幽默感的人既能看到同事的優點，又使自己對同事的行為保持樂觀積極的態度，而不是著眼於同事的錯誤和缺點。你應該敞開胸懷，去瞭解、接受同事的小錯誤，增進彼此的工作關係。

在工作中遇到難題如果能以幽默調節，事情就可能很快得以解決。你也可以利用幽默的妙語來表明你的觀點，以幽默的力量來改善你在同事心中的地位，建立起友善的職場關係。

掌握幽默的交友技巧

交友難，其實難就難在交友的方法上，幽默交友不失為一種有效的方法。陌生的朋友見面，如果幽默一點，氣氛將變得活躍，交流會更順暢。——哈佛箴言

俗話說：「在家靠父母，出門靠朋友。」能夠多交一些朋友，常與朋友交談、聊天，不光能心胸開闊，資訊靈通，心情開朗，也能取人之長，補己之短。有煩惱的問題，可以得到朋友地勸慰。有什麼苦衷，也可以向朋友傾訴一番；遇到什麼喜事和值得高興的事，可以和朋友一起分享快樂。

著名國畫大師張大千與著名京劇藝術大師梅蘭芳神交已久，相互

敬慕。

在一次張大千舉行的送行宴會上，張大千向梅蘭芳敬酒，出其不意地說：

「梅先生，您是君子，我是小人，我先敬您一杯！」

眾人先是一愣，梅蘭芳也不解其意，忙問：「此語做何解釋？」

張大千朗聲答道：「您是君子——動口；我是小人——動手！」

張大千機智幽默，引來滿堂喝彩，梅蘭芳更是樂不可支，把酒一飲而盡。

大多數人都有廣交朋友的心，苦的是沒有行之有效的方法，如果你能像張大千一樣，注意感受生活，勤於思考，有一天也會變得和他一樣幽默風趣，到那時候，對你來說世界就不再是陌生的了，因為陌生人也會樂意成為你的朋友。

當你與陌生人發生衝突的時候，如果能幽默一點，大度一點，矛盾應該可以化解，敵意也能變成友誼。

法國作家小仲馬有個朋友的劇本上演了，朋友邀小仲馬同去觀看。小仲馬坐在最前面，總是回頭數：「一個，兩個，三個……」

「你在幹什麼？」朋友問。

「我在替你數打瞌睡的人。」小仲馬風趣地說。

後來，小仲馬的《茶花女》公演了。他便邀朋友同來看自己劇本的演出。這次，那個朋友也回過頭來找打瞌睡的人，好不容易終於也找到一個，說：「今晚也有人打瞌睡呀！」

小仲馬看了看打瞌睡的人，說：「你不認識這個人嗎？他是上一次看你的戲睡著的，至今還沒醒呢！」

掌握了幽默的交友技巧，你的朋友就會遍佈天下，陌生人會變成新朋友，更多的新朋友將變成老朋友。

第 5 課

談判的進階：將對方引至你設定的道路

在商務談判中，談判者常常運用這種巧布迷陣的策略，放置各種煙幕彈，干擾對方視線，誘使對方步入迷陣，從而從中獲利。

在一個良好的氣氛中進行談判

如果在談判一開始就形成良好的氣氛，雙方就容易溝通，便於協商。所以每個談判者都喜歡在一個良好的氣氛中進行談判。——哈佛箴言

談判能否取得成功，在很大程度上取決於談判的氛圍。哈佛一位專家曾這樣說：「一個老謀深算的人應該對任何人都不說威脅之詞，不發辱罵之言，因為二者都不能削弱敵手的力量。威脅會使他們更加謹慎，使談判更艱難；辱罵會增加他們的怨恨，並使他們耿耿於懷，以言詞傷害你。」

在談判進程中，應始終如一地與洽談對手以禮相待，事事表現出真誠的敬意。堅持平等協商，沒有高低貴賤之分，相互尊重。不允許仗勢壓人、以大欺小。如果在談判的開始有關各方在地位上便不平等，那麼是很難達成讓各方心悅誠服的協

定的。

同時，要求洽談各方在洽談中要通過協商，即相互商量，求得諒解，而不是通過強制、欺騙來達成一致。要明確雙方之間的關係，要做到人與事分別而論，談判桌上是對手，談判桌外是朋友。

對談判氛圍的把握與控制，依賴於談判的禮節。當然，遵從談判的禮節也不一定能取得談判的成功，但至少可以給人留有餘地，為以後再談判創造條件。

在談判過程中，要將「禮儀」擺在首位。在任何情況下，都應本著心平氣和、彬彬有禮、互敬互愛的原則與談判對手和平相處。即使產生利害衝突，也要時刻保持紳士風度。最好是站在對方立場上考慮問題，這樣對出現雙贏的局面有很大幫助。

談判不同於決一勝負的比賽。如果純粹以一決雌雄的態度展開談判，談判者勢必要竭力壓倒對方，以達到自己單方面期望的目標，即使善於巧言令色，也要冒一敗塗地的風險。因為策動人們談判的動力是「需要」，雙方的需要和對需要的滿足是談判的共同基礎，對於共同利益的追求是取得一致的巨大動力。因此，真正成功的談判，每一方都是勝者。

一般說來，談判可分為合作性談判和競爭性談判兩大類型。不管是哪種類型的談判都必須和「言」悅色「燒熱爐灶」，以創造融洽氣氛，溝通談判雙方，建立相互信任的人際關係。以下幾種方法對談判者可能會有所幫助。

（1）言談舉止禮貌

有個美國人到曼哈頓出差，想在報攤上買份報紙，發現未帶零錢，只好遞過一百元鈔票對報販說：「找錢吧！」

誰知報販很不高興地回答道：「先生，我可不是在上下班時來替人找零錢的。」

這個美國人思考了一下，他決定換種說話方式去碰碰運氣。他對報販說：「先生，對不起，不知你是否願意幫助我解決這個困難，我是外地來的，想買份這兒的報紙，但只有一張一百元的鈔票，該怎麼辦？」

結果，報販毫不猶豫地把一份報遞給了他，並且友好地說：「拿去吧，等有了零錢再給我。」

後者的成功在於禮貌待人，滿足了對方「獲得尊重的需要」，終於取得了對方的合作。

談判之初，談判雙方接觸的第一印象十分重要，言談舉止要盡可能營造出友好、輕鬆的良好談判氣氛。做自我介紹時要自然大方，不可露傲慢之意。被介紹到的人應起立並微笑示意。詢問對方要客氣，如有名片，要雙手接遞。介紹完畢，可選擇雙方共同感興趣的話題進行交談。稍作寒暄，以溝通感情，創造溫和氣氛。

談判之初的姿態也對談判氣氛起著重大作用，目光注視對方時，應停留於對方雙眼至前額的三角區域正方，切忌雙臂在胸前交叉。談判之初的重要任務是摸清對方的底細，因此要認真聽對方談話，細心觀察對方舉止表情，並適當給予回應，這樣既可瞭解對方意圖，又可表現出尊重與禮貌。

（2）改變人稱，勿加評判

在談判過程中，即使你的意見是正確的，也不要動輒對對手的行為和動機妄加評判，因為如果談判失誤，將會造成對立而難以合作。如發現對方對某項統計資料的計算方式不合理時，就貿然評論說：「你對增長率的計算方式全都錯了。」對方聽了，顯然一下難以接受。如果將這句話改變人稱並換一種表述方式，其效果就大相徑庭了：「我的統計結果和你的有所不同，我是這樣計算的……」對方聽後就不會產生反感了。

這種方法的訣竅是：**將「你」換成「我」，將評判的口吻改成自我感受的口吻**。在一般的場合又應注意儘量避免使用以「我」為中心的提示語，諸如「我認為……」「依我看……」「我的看法是……」「我早就這麼認為……」等，上述每一句開頭的「我」都可改為禮貌用語「您」。

（3）多用肯定，委婉拒絕

在適當的時候採用適當的方式肯定對方。若對方觀點與己方一致或相接近時，或對方的要求屬我方談判計畫中可作讓步的問題，我方應抓住機會，中肯地肯定這些共同點和想法。同時，還應及時補充、延伸雙方一致的論點，引導、鼓勵對方暢所欲言，使談判逼近目標。

如果在談判中不同意對方的觀點時，不要直接用「不」這個具有強烈對抗色彩的字眼。

即使對方態度粗暴，也應和顏悅色地用肯定的句型來表述否定的意思。比如，當對方情緒激動、措辭逆耳時，也不要指責說：「你這樣發火是沒有道理的。」而應換之以肯定句說：「我完全理解你的感情。」這樣說既婉轉地暗示「我並不贊成你這麼做」，又使對方聽了十分悅耳，對你的好感油然而生。

當談判陷入僵局時，也不要使用否定對方的任何字眼，而要不失風度地說：「在目前情況下，我們最多也只能做到這一步了。」

有時為了不冒犯對方，可適當運用「轉折」技巧，即先予肯定、寬慰，再轉折、委婉地否定並闡明自己的難處。如「是呀，可是……」「我理解你的處境，但是……」「我完全懂得你的意思，也完全贊成你的意見，但是……」這種貌似贊成，實則什麼也沒接受的語言表達方式，體現了「將心比心」這一古老的心理戰術。它表示了對於對方的同情和理解，而贏得的卻是「但是」以後所包含的內容。

怎麼表述才能成功

談判是語言技巧使用最集中的場合，也是語言功效最突出的場合。——哈佛箴言

談判既重視語言，又要密切注意對方動向，要遊刃有餘，就要注意語言的鋪墊。

（1）交鋒前的鋪墊

談判交鋒前的鋪墊，是指雙方在對實質內容（即與交易相關的各種條件）進行談判前的鋪墊。該階段的表述要實現三個功效：營造主題氛圍、調度心理趨向和集中思維方向。

談判者的表述實現了這三個功效，即為表述成功。如何才算表述成功？或者說，怎麼表述才能成功呢？

一、營造主題氛圍

營造主題氛圍，是指談判者根據總體談判策略的需要，通過表達形成相應的談判氛圍。所謂主題，是強調總體策略的特徵，如冷與熱，鬆與緊等總體性、基本性的特徵。要實現主題氛圍的營造，在表達上需要考慮話題選擇、語句選擇和表情的配合。

話題選擇

談判者在鋪墊時講什麼話題更適合主題氛圍，即為話題選擇。話題有許多，而許多話題是帶「煽情性」的話題。例如，關心體貼之類的話題，歌功頌德的話題，懷舊、敘舊的話題，祝福期盼的話題。

有「傷情性」的話題，例如，揭傷疤之類的話題，聲明性的話題，貶謫性的話題，為難之類的話題。

還有「平淡性」的話題，就事論事的話題及所有不帶褒貶、不帶好惡感情的話題等。

在鋪墊中，正確選擇不同類型的話題，才可正確營造所需的主題氛圍，正確選擇了話題，才可以帶出相應的語句為相應的主題氛圍服務。顯然，傷感的話題是絕不可能營造友好熱烈的氛圍的。反之，煽情性的話題也不可能獲得冷靜的談判氣氛。

語句選擇

語句與話題相關。語句本身也有特性，故選擇時必須符合話題的需要。具體講，需先分清語句的類別與特性，後決定選擇。

語句有華麗、樸素、硬板之分。

華麗的語句，多指構造複雜、修飾豐富、表述細膩的語句。

例如：「若不介意，我十分願意用這寶貴的時間表達我們對面臨問題的憂慮。」

「貴方如此大力的配合，我堅信在你我雙方之間將不會存在解決不了的困難和逾越不了的障礙。」

「你我雙方已有悠久的合作歷史，我堅信在新的合作中，無論有什麼困難，都會有辦法解決。」

樸素語句，多指構造簡單，不加修飾的語句。如從句使用較少，只由主謂賓（狀）組句，甚至僅以因果兩組句。典型的例子如：

「我很高興認識您。」

「我建議用兩天時間談完。」

「由於我不熟悉貴方習慣，請貴方先說吧。」等等。

硬板語句係指簡捷乾脆、常帶祈使語的語句。例如：

「對不起，我看難辦。」

「您好！幸會。希望能配合好。」

「請貴方能抓緊時間。」

針對不同話題，華麗語句可以用於煽情話題，其中尖刻的修飾也可用於傷情話題；樸素語句可用於平淡話題；硬板語句可用於傷情話題。

表情的配合

指談判者在進行鋪墊時，面部表現的感情。鋪墊時，談判者的面部表情可以是「春風蕩漾」，即面帶微笑，也可能是「秋風蕭瑟」，即面顯愁容且眼皮沉重；還可能是「風平浪靜」，即面部平靜且眼神平淡。

不同的表情可以按鋪墊時營造的主題氛圍而選擇。春風蕩漾的表情自應與煽情話題相配，秋風蕭瑟的氛圍更適合傷情話題，而風平浪靜的表情適合平淡話題。

不過，由於策略需要，常常會進行複合式的運用。如軟中帶硬時，會把「春風與秋風」融匯一起。相反，在冷漠之中，也會吹點春風。

但應注意：這裡講的融匯，是整體的融匯，即春風蕩漾的表情與煽情性話題整體上和秋風蕭蕭的表情和傷情話題融匯使用，而不是將春風蕩漾的表情與傷情話題融匯，或秋風蕭蕭的表情與煽情的話題融匯。當然，僅在說俏皮話和幸災樂禍時，才會有表情與話題的反向融匯，例如，面帶笑容卻大談傷情事。

二、調度心理趨向

交鋒前的鋪墊中，心理的調度非常重要，它主要是指使對手的情感與欲望應適合談判實質條件的需要，或者說，調理談判對手的情感和欲望，使之符合談判實際。

情感調度

這有兩種情況，一是己方意欲成交，一是己方無意成交。前者需要對方熱情投入，後者是要扼制對方的成交熱情。兩種情況，調度表達並不一樣。

需要調動對方熱情時，首先要採用營造氛圍的技巧，諸如煽情性的話題、語句及表情。其次，要濃抹成交的可能性。例如，強調雙方的實力、雙方的關係、雙方的誠意、雙方的長遠利益等條件，藉以燃起對方勢在必得的談判熱情。

不過，當對手恃強自傲，而你又需與之成交時，調動其談判熱情的手法就要變化。首先，營造氛圍就要變成「平淡」。從話題和用語及表情反映出「非強求」之意，以保持己方的主動地位。

此外，以傷情的表述預測以後的談判結果，使其反省自己，調整態度，拿出談判熱情來。

要扼制對方成交熱情時，首先，氛圍營造應為平淡。其次，要講不能交易的條件，如競爭、對方產品的缺陷等。同時，話語禮貌，以表達尊敬及愛護對方之意，以免談判未如其願時，誤會有欺騙的成分。

欲望調整

這裡也有兩種典型情況：期待值過高（賣方要價太高或買方給價太低）和不期望結果（即抱著一試而已的態度）。

對於前者，表述中氛圍可以自由選用，因為各有其用。煽情——表達友好，傷情——表達擔憂，平淡——表達不抱希望，三者對於期待值過高的對手，鋪墊的表述均可以來用。主要是要表達出期待值對應的條件——困難，讓對手有一個心理準備——付出代價（實際條件和談判的誠意）。

對於後者，主要看他對己方談判的需要。若是「貨比三家」中的一家，從策略需要，表達的主張應是煽情的：鼓勵其全力以赴，或獲得交易，或獲得友情--未來的交易希望。

若與談判策略無關，則平淡對之，以節省時間，但表述中的友情與禮貌仍不可缺。典型表述有：

「十分感謝，您給了我這個機會與貴方談判該筆交易。」

「請原諒，我方有自知之明。提前告退了，希望沒給貴方帶來不便。」

「看來，這次你我雙方無緣成交了。我們下次再見。」

「感謝您來我國訪問。希望這是我們交往的開始，而不是結束。」等等。

三、集中思維方向

鋪墊中集中思維方向，是指將談判雙方的談判注意力集中到統一的部署上來。換句話說，就是選定共同的談判路線。這是大戰前的必修工程，應是解決的問題。在這個表述中，要使用偵察——瞭解、磋商——判斷、集中——結論等表達手法。

偵察——瞭解

該手法是讓談判各方相互表明各自有關時間、地點、議題順序和人員安排等想法，是敞開的思維。敞開思維多以平淡性的語句闡述，個別時候加點煽情的語言，點綴一下。

例如：「我方認為，要使談判有效率，應從技術性問題談起。當然，如果貴方願意跳躍而行，也可提出來討論。」

在平淡的敘述中，加點比喻，既表達了思維，又煽了點情。

磋商——判斷

在思維敞開後，清理思緒即為表述中的磋商或判斷。雙方針對各自的表述內容進行對比，以判斷取捨。此時的表述，沉浸在平淡表述之中，以保持嚴肅認真的氣氛。陳述的思維是對各自長短的評價，利弊與可能的分析，例如，分組談判的建議。該方式在談判中很有效率。而一方認為，自己沒有足夠的人員參與分組談判，使該方式成為不可能。

也許雙方會有評判的分歧，在鋪墊時，只要任一方有餘地，均應做出讓步，使鋪墊工作儘早完成，如上述分組建議，對方說沒有人力，即應撤回。

集中——結論

該手法是清理、彙集評判的思維，也就是做出結論。鋪墊中的集中表述，是在平淡中進行，要樸素而清晰地描述，使雙方對統一的談判路線無任何誤解。若集中很不好，可能造成雙方準備工作、談判日程的混亂。

（2）交鋒中的鋪墊

在談判過程中，尤其是在對交易實質條件（價格、合同條款、附件）談判間隙中，仍然會有鋪墊性的表述。其表達的要求多為廓清概念，明確態度。

進入實質談判後，雙方的意見會往來不斷，有的表示反對，有的贊同，有的是詢問問題，有的則是打岔或乾脆糾纏。在它們之後，或各種意見交鋒之間，常有鋪墊性表達出現。此時的意思就在於廓清概念。這一概念是界定談判內容，包括兩層含義：「所言之物（事與話）的定義，以及其後所反映的言者的真正立場及其實質意義。」

一、所言之物的定義

為確保談判的效率，交鋒中鋪墊首先要說明白的問題是雙方談的應是同一物。若你談你的理解，我談我的理解，而理解的非同一物就會使談判陷於徒勞之中。此時，表達的技巧是運用確認和重複的表述方式來實現定義的一致性。

確認是談判議題定義的明示追問，或對理解要求的認同。

二、確立真正立場

為了掌握談判的進展，必須掌握言者的真正立場。有的談判者含蓄，或為了刺探對方情報，在明確雙方講話的同時，對談話引申出的要求與立場也要予以界定。對此，表述的手法主要是追問對方表態。其典型的語句有：

「如果我沒理解錯貴方的意見，您是要求B條件，不同意C條件，對嗎？」

「您講了這麼多，那麼您到底是贊同，還是反對我方的條件呢？」「我理解，到目前為止，你我雙方並未就此問題達成一致（差距自然很大）是嗎？」「你我雙方唇槍舌劍很長時間了，應該靜下來清理一下各自的立場，看雙方靠近了多少。」「我聽貴方這麼說，也就是不同意（同意啦）。」等等。

三、明確態度

明確態度，是指要說明談判雙方對面臨的談判問題所持的主觀願望。廓清概念是鋪墊的基礎性的一步，而明確態度是更近的一步，由表及裡的一步，究其根源的一步，對談判的發展影響很大。談判過程中，典型的狀況有氣氛緊張、談判激烈時，也有扭轉融洽、彼此理解時，還有平淡之時。

在這三種狀況下的鋪墊中，其態度的表述不同。

緊張時

此時的鋪墊是要說明：「你想怎麼樣？」以及「我對此的看法」，以達到調整雙方態度的目的，使消極化為積極，戰爭轉為和平，破壞變成建設。典型的表述有：

「我不知什麼地方得罪了貴方。有話請慢慢講；您講話太快，我聽不清，您的嗓門太高，也不一定加強了您講話的正確性。再說，有時間讓貴方講話，我方也願意聽。」

「我認為，雙方均應重新審視一下各自的條件和態度，冷靜以後再繼續該問題的談判。」

「我認為，貴方若想保持談判桌上的強勢，甚至欲以勢壓人，那就錯了。弱者可以不要強勢，但卻要交易，而能得到交易才是真正的強者。」

……

融洽時

此時鋪墊是要說明，雙方是如何利用這種積極性加快交易的談判，使談判儘早達到目標。典型的表述有：

「我方的條件，不知貴方聽明白了沒有？若沒聽明白，我方可以再重複一次；若有意見，我方願意聽，只是希望貴方抓緊時間告訴我方您的態度。」

「既然雙方均有誠意實現交易，我建議在下面的談判中，貴方能儘早拿出可行的成交方案來。」

「既然貴方這麼真誠，我不妨告訴貴方，該交易須抓緊進行，否則夜長夢多。」

平淡時

此時說明的是：雙方這樣談判下去行不行？或談判為什麼這樣沒有朝氣？如果談判並未全面展開，或僅屬相互介紹階段，還未到條件的討論階段，則可以隨日程往下談判。若在實現條件交鋒中，談判既無大的進展，雙方交鋒也不積極時，需要做上述鋪墊的說明。

造成該種情況的原因有兩種：沒有成交的熱情，即我的條件就這樣，愛接受不接受，隨你。此時典型的態度說明有：

「我們的談判毫無進展，貴方是否無意該交易，還是有別的考慮？」

「貴方如果不願意考慮我方意見，只要明示講出來，我們可以重新審視下面的談判。」

「交易成與不成，對我方沒有關係，但我方仍然希望瞭解到貴方的態度。」

「兵不厭詐」，巧布迷陣

在商務談判中，談判者常常運用這種巧布迷陣的策略，放置各種煙幕彈，干擾對方視線，誘使對方步入迷陣，從而從中獲利。——哈佛箴言

兵不厭詐，要想取得談判的勝利，「不擇手段」也是非常必要的。談判雙方都都有各自的利益和底限，只要不違背大原則，詐術還是可以使用的。

美國開鑿巴拿馬運河的初期談判，其談判謀略也是典型的「請君入甕」，而且談判雙方都是如此。

談判的一方是美國，另一方是法國巴拿馬運河公司。談判的焦點問題是美國應該付給這家法國公司多少錢才能取得開鑿巴拿馬運河的權利。

這家法國公司雖然已開鑿失敗，但它在巴拿馬運河卻擁有一筆數量可觀的資產，其中包括：三萬英畝土地，巴拿馬鐵路，兩千幢建築物，大量的機械設備，醫院等等。法國人估價一億多美元，開價一點四億美元，美國人的開價僅僅兩千萬美元，二者相距甚遠，經過雙方磋商，分別讓步到一億和三千萬美元，但談判到此就停了下來。

美國人的戰略是聲稱另找一塊地方挖運河，他們選中了尼加拉瓜，美國眾議院宣佈準備考慮支持開鑿尼加拉瓜運河。精明的法國人摸透了對方想要一條運河來溝通兩大洋的迫切心理，而且也料到了美國會用尼加拉瓜運河來與巴拿馬競爭，於是他們也耍了一個花招，暗示法國亦同時與英國和俄國人談判，以通過英俄的貸款繼續運河的開鑿。

雙方相持不下。

不久，法國人獲得了一份美國有關委員會給總統的秘密報告，報告真誠地讚美了巴拿馬運河的優越性，然而提出購買的費用過高，不如實施尼加拉瓜方案。這份情報讓法國人的信心動搖了，他們憂心忡忡地捲入了競爭。

正所謂「禍不單行，福不雙至」。不久，法國內部又爆發了一場危機，巴黎公司的總經理辭職不幹，股東大會亂作一團：賣給美國人吧，什麼價錢都可以接受！於是一夜之間，法國的報價驟跌至四千萬美元，大大落入了美國實際可接受的範圍。

在商務談判中，談判者也常常運用這種巧布迷陣的策略，放置各種煙幕彈，干擾對方視線，誘使對方步入迷陣，從而從中獲利。

設計迷陣，貴在一個「巧」字，談判者應善於借助一個恰當的形式或局面來製造聲勢，並能順理成章，不著痕跡。如果一個談判者善於將對手引入自己設置的迷宮，這樣談判的主動權就掌握在自己的手中了。

哈佛專家說，在商務談判中，設置各種迷陣並不少見。為了避免自己陷入對手的迷陣中，談判者應從心理上和措施上加以防範，不可不假思索地相信那些輕易獲取的資訊。

談判桌上的對手大都是一些精明強幹的人，你應警覺。他們故弄玄虛，許多資訊看起來似乎是機密的，其實不過是將你引入歧路的誘餌。為此，談判者要始終具有清醒、冷靜的頭腦，防止談判對手迷陣得手。

如何說服對方接受自己的觀點

學會說服是每個談判者必備的技巧，只有說服對方，他才能心悅誠服地接受你。——哈佛箴言

哈佛人指出，談判中能否說服對方接受自己的觀點，是談判能否成功的一個關鍵。談判中的說服，就是綜合地運用**聽**、**問**、**說**等各種技巧，改變對方的最初想法而接受己方的意見。

福柯公司對分銷商的代理感到有些失望，於是開始致函該公司，列述了具體的不履約事例，這些事例似乎構成了合同終止的法律依據。最後，福柯公司首席執行官打電話給分銷商的首席執行官，要求終止他們之間的合同，並宣稱，分銷商現在欠下福柯公司的債務約有兩百萬美元。據分銷商私下估算，如果合同因不履約而終止，公司的負債將會接近三百萬美元。但是，分銷商對福柯公司的許多不履約指控表示質疑，並將福柯公司最近遭受的挫折歸結為市場狀況。雖然分銷商認為，福柯公司提出的「不履約」法律指控證據較弱，但該公司知道，福柯公司可能試圖轉移業務，迫使分銷商起訴以避免損失。

有顧問建議，不要圍繞「由於不履約而終止合同關係」來對談判加以變形說服，而是通過另外方式歸納問題的性質，讓其成為有力的變形說服條件。在接下來的電話會談中，分銷商的首席執行官向福柯公司的首席執行官指出，分銷商依照福柯公司的要求簽訂了永續合同，並專門為福柯公司進行了大量投資，明確期許雙方合作關係永續長存，並且針對福柯公司的不履約指控提出有力質疑。

他還著重強調了福柯公司另換分銷商所存在的風險，講述了另一個單方面轉移業務，結果讓製造商失去好幾年業務增長機會的事例。簡而言之，分銷商間接指出：福柯公司若拋棄業經磋商同意的協議，即便是最佳另選方案，都是非常糟糕的。

針對福柯公司的不滿，分銷商提出可以終止合同，條件是自己須「因失去盈利、永續的關係而獲得賠償」。在論述了這種終止方式的道理與操作細節後，分銷商向福柯公司提交了淨現值計算方式，將合同對分銷商的價值估算到一千五百萬美元以上，從而逐步讓福柯公司在這個基礎上參與商討。

分銷商有意識地讓會談離開是最初的主張（即它應當為不履約而支付賠償），轉而變形描述於這樣的概念：只有得到賠償後，自己方可允許福柯公司如願以償地脫離永續合同。

在這個過程中，福柯公司對可能協議的認知，從期望向分銷商索取賠償金，轉變成了事實上要給予分銷商賠償。分銷商最終通過和解協定，獲得了大約八百萬美元。通過成功地對談判進行變形說服，分銷商原先估算將欠付福柯公司三百萬美元，結果卻轉虧為盈，前後相差一千一百萬美元。

說服是一門很重要的藝術。一個談判者，只有掌握高明的說服技巧，才能在變幻莫測的談判過程中左右逢源，達到自己的目的。

俄國十月革命剛剛勝利的時候，象徵沙皇反動統治的皇宮被革命軍隊攻佔了。

當時，俄國的農民們打著火把嚷道，要點燃這座舉世聞名的建築，將皇宮付之一炬，以解他們心中對沙皇的仇恨，一些有知識的革命工作人員出來勸說，但無濟於事。

列寧得知此消息，立即趕到現場。面對著那些義憤填膺的農民，列寧很懇切地說：「農民兄弟們，皇宮是可以燒的。但在點燃它之前，我有幾句話要說，請問這座房子原來住的誰？」

「是沙皇統治者。」農民們大聲地回答。

列寧又問：「那它又是誰修建起來的？」

農民們堅定地說：「是我們人民群眾。」

「那麼，既然是我們人民修建的，現在就讓我們的人民代表住，你們說，可不可以呀？」農民們點點頭。

列寧再問：「那還要燒嗎？」

「不燒了！」農民們齊聲答道。

皇宮終於保住了。

說服是談判過程中最艱巨、最複雜，同時也是最富有技巧性的工作。在談判的過程中，要創造說服的條件。在一個人考慮是否接受說服之前，他會首先衡量說服者與他熟悉的程度，實際上就是對說服者的信任程度。如果對方在情緒上與你對立，那他是不能接受你的說服的。同時，在說服之前，還要選擇好說服的理由和時機，使對方願意和重視與你交談。不能用脅迫或欺詐的方法，這樣會使談判陷入危機。

聲東擊西，以退為進

在談判中，一方出於某種需要而有意識地將會談的議題引到對己方並不重要的問題上，藉以分散對方的注意力，達到我方目的。實際的談判結果也證明，只有更好地隱藏真正的利益需要，才能更好地實現談判目標，尤其是在你不能完全信任對方的情況下。——哈佛箴言

就軍事戰術來講，聲東擊西是指當敵我雙方對陣時，我方為更有效地打擊敵人，造成一種從某一面進攻的假像，藉以迷惑對方，然後攻擊其另一面。這種戰術策略同樣適用於談判。

一位行銷員向顧客推銷紅酒時，通常會遵循一定的規律，由高檔到中

檔，最後到低檔。先介紹高檔紅酒時，他會說：「這是咱們公司頂級的紅酒，貼有傳統的古典酒標，挺有貴氣。」

介紹中檔紅酒時，他會說：「這是第二等級的紅酒，也相當不錯。」然後，他向顧客勸說：「我覺得你應該買這款——頂級的紅酒……」

顧客一聽，常常會說：「太貴了，我還是買別的吧。」結果，大多數的顧客都會選擇中檔的紅酒。

這時候，這位行銷員又會說：「你真有眼光，這是最聰明的選擇，要知道，這款是CP值最高的一種。」

顧客一聽，感覺很滿意，掏錢也爽快了。

其實，該行銷員一開始最想推銷的就是中檔紅酒。那麼，他為什麼不力薦中檔紅酒呢？因為，他瞭解顧客的心理。任何一位顧客買東西，對行銷員或多或少都有一些戒備心。顧客總是擔心，產品是利潤最高的或者賣不動的，因此，往往會出現這樣的狀況：「行銷員推薦什麼，顧客偏偏不買什麼。」

這位紅酒行銷員恰恰是懂得了顧客的這一心理，於是反其道而行之，雖然一開始就決定好了推薦目標，卻不露聲色，甚至反而推薦顧客可能不會選擇的商品。結果，顧客中了計，選擇了行銷員最想推銷的那一款，還自鳴得意地認為：「我真有眼光，這是我自己決定的！」

對行銷人員來說，這種策略算是一箭雙鵰，既能推銷出自己的目標商品，又能讓顧客滿意。那麼，為了消除顧客的戒備心理，在推薦商品的順序方面，是不是有一定規則呢？根據大多數推銷人員的經驗，介紹商品時應該遵守一定的價格順序，但不是所有的商品都要遵循同樣的順序。比如，耐久性的消費品與不強調耐久性的消費品相比，就有所不同。

一般人選擇耐久性的消費品時，最看重的是產品的性能與品質，因此，一般捨得在這些商品上花錢，喜歡買貴的。因此，從低價格開始逐漸到高價格的產品展示法容易消除顧客的戒心，同時，自行做出購買也決定會讓顧客有極強的滿足感。

使用此策略的一個目的，往往是掩蓋真實的企圖。比如「圍魏」的目的是為了「救趙」；「指桑」的用意在於「罵槐」；而「項莊舞劍」則「意在沛公」。這所以要掩蓋真實的動機，無非是怕真實的動機一旦暴露，就很難實現目的。只有在對手毫無準備的情況下，才容易實現目標。

聲東擊西的策略就是要達到趁虛而入的目的。

第一，儘管雙方所討論的問題對我方是次要的，但採用這種策略可能表明，我方對這一問題很重視，進而提高該項議題在對方心目中的價值，一旦我方做出讓步後，能使對方更為滿意。

第二，作為一種障眼法，轉移對方的視線。如我方關心的可能是貨款的支付方式，而對方的興趣可能在貨物的價格上。這時聲東擊西的做法是力求把雙方討論的問題引到訂貨的數量、包裝、運輸等方面，藉以分散對方對前述兩個問題的注意力。

第三，為以後的真正會談鋪平道路。以聲東擊西的方式摸清對方的虛實，排除正式談判可能遇到的干擾。

第四，作為緩兵之計，把某一議題的討論暫時擱置起來，以便抽出時間對有關的問題作更深入的瞭解，探知或查詢更多的資訊和資料。或以此延緩對方所要採取的行動，如發現對方有中斷談判的意圖，可運用這一策略，做出某種讓步的姿態。

瞭解、掌握這一策略的目的及作用後，我們就可以更加靈活、自如地運用它。但也要提防對方在談判中使用同樣辦法來拖延時間，或分散我方注意力，如果有跡象表明對方是在搞聲東擊西，我方應立即採取針鋒相對的策略。

語言、邏輯和心理素質

談判是雙方利益的較量，更是語言駕馭能力的表現。談判的語言要有縝密的邏輯思維能力，不能給對方留下任何可乘之機，否則，就是失敗。——哈佛箴言

在商務談判中，談判者要把自己的思想通過有聲語言，準確地傳達給對方，使對方在心靈深處引起良好的反應，不僅需要高超的駕馭語言的能力，很好的心理素質，而且需要縝密的邏輯思維能力。所以，談判是思想、語言、自身修養各方面的有機統一。

確切地說，談判是一種面對對方的思維活動，是使用思想感情進行創作的過程，這一過程首先是借助於對方所能理解的語言來完成的。所以，為了提高談判的

成功率，從談判者的主觀方面來說，必須注意從語言、邏輯和心理素質三方面訓練自己。

（1）談判中的語言藝術

在談判中，語言表達能力至關重要，通過敘事清晰，論據充分的語言表達，往往能夠有力地說服對方，達成相互之間的諒解，發現雙方的共同目標和利益，取得談判的成功。薩道義說：「**談判技巧的最大秘訣之一，就是善於將自己要說服對方的觀點一點一滴地滲進對方的頭腦中去。**」也就是說，從不同的角度，運用有說服力的語言，向對方說明自己的觀點和意見，闡明雙方的利益，使對方明白這些觀點和建議對雙方都是有益的。

（2）談判中的邏輯藝術

正確認識邏輯在談判中的作用，並巧妙運用好邏輯這個思維工具是很重要的。談判者的實際力量包括兩個方面，一是物質力量，一是精神力量。物質力量是客觀的，而精神力量雖帶有主觀的成份，但在談判中往往具有決定性的作用。因為它是談判者的自覺能動性的反映。古今中外的許多談判實例都說明了這一點。例如，戰國時期，楚國的藺相如隻身入虎穴，在秦王面前，憑著高超的談判技巧，擊敗了秦王奪取和氏璧的陰謀。

這些卓越的談判高手之所以成功，其重要的原因便是他們將談判中的邏輯因素和談判的資訊內容、時機等，巧妙地融為一體，充分發揮了人的主觀能動作用，使抽象的真理在對方面前呈現為「立體」形象，從而具有很強的說服力和吸引力。

談判中的言語不但是思想的媒介物，而且是思維的一種有效的工具。語言與思維緊密聯繫在一起。談判中的語詞、詞句、句群與概念、判斷、推理相對應，談判要求用詞準確，邏輯要求概念明確，二者互為表裡。談判要求句子通順、完整、正確，實際就是邏輯的判斷恰當。談判要求正確組織複句和句群，也就是要求合乎邏輯地推理。概念明確，判斷恰當，推理合乎邏輯是談判語言正確表達的基礎。具有說服力的成功談判，總是包含著無懈可擊的邏輯性。

（3）談判者的心理素質

在談判中，談判者的心理素質是否過硬，對談判的成功與否起著重要的作用。學會忍耐則是對談判者心理素質的最基本要求。比如，對方提出出乎意料的苛刻條件；對方的態度極不友好；對方為壓倒他人而不擇手段。在這些情況下，是考驗一個談判者忍耐的基本功的時候。如若不忍，立即就會使談判呈現出緊張狀態，甚至使談判中斷。所以，為了談判的成功，必須學會忍耐。

適可而止是一種忍耐。在談判中，對於談判者來說，最重要的是要懂得該在什麼時候去取得某種利益，同時要懂得該在什麼時候放棄某種利益。

設身處地的為對方考慮，是學習忍耐的一種方法。談判中，雙方毫無疑問地要首先考慮自己的利益，都想在利益上佔據優勢。為此，雙方可能爭持不下，弄得面紅耳赤，往往問題得不到恰當的解決。但是，如能設身處地的為對方想一想，矛盾也許就能有所緩和，使談判出現轉機。

總之，學會忍耐不僅是談判者的一種手段，而且也是談判者是否成熟的標誌。

「多聽少說」有利於談判

商務談判中常運用「問」作為摸清對方需要，掌握對方心理，表達自己感情的手段。——哈佛箴言

在談判中，主動發問是使自己「多聽少說」的一種有效方法。能引起他人注意的問題，可以促使談判順利進行；能獲取所需資訊的問題，可以以此摸清對手底細；能引起對方思考的問題，可以控制對方思考的方向；能引導對方做出結論的問題，可以達到己方的目的。問有已知答案的問題，可以證明對方的誠實與可信度。談判的語言技巧在行銷談判中運用的好，可帶來營業額的高增長。

某商場經營咖啡和牛奶，剛開始，服務員總是問顧客：「先生，喝咖啡嗎？」或者是「先生，喝牛奶嗎？」其銷售額平平。

後來，老闆要求服務員換一種問法：「先生，喝咖啡還是牛奶？」結果其銷售額大增。原因在於，第一種問法，容易得到否定回答，而後一種是選擇式，大多數情況下，顧客會選第一種。

如何「問」是很有講究的，重視和靈活運用發問的技巧，不僅可以引起雙方的討論，獲取資訊，而且還可以控制談判的方向。

到底哪些問題可以問，哪些問題不可以問，為了達到某一個目的應該怎樣問，以及問的時機、場合、環境等，有許多基本常識和技巧需要瞭解和掌握。

（1）做好準備

應該預先準備好問題，最好是一些對方不能夠迅速想出適當答案的問題，以期收到意想不到的效果。同時，預先有所準備也可預防對方反問。

有經驗的談判人員，往往是先提出一些看上去很一般，並且比較容易回答的問題，而這個問題恰恰是隨後所要提出的比較重要的問題的前奏。這時，如果對方思想比較鬆懈，我方突然提出較為重要的問題，其結果往往是使對方措手不及，收到出其不意之效。因為，對方很可能在回答無關緊要的問題時即已暴露其思想，這時再讓對方回答重要問題，對方只好按照原來的思路來回答問題，或許這個答案正是我們所需要的。

（2）先聽後問

在對方發言時，如果自己腦中閃現出疑問，千萬不要中止傾聽對方的談話而急於提出問題，這時可先把問題記錄下來，等待對方講完後，有合適的時機再提出問題。同時，在傾聽對方發言時，可能會出現馬上就想反問的念頭，切記這時不可急於提出自己的看法，因為這樣做不但影響傾聽對方的下文，而且會暴露自己的意圖，這樣對方可能會馬上調整其後邊的講話內容，從而使自己可能丟掉本應聽取到的資訊。

（3）避免刁難問題

要避免提出那些可能會阻礙對方讓步的刁難問題，這些問題會明顯影響談判效果。事實上，這類問題往往只會給談判的結局帶來麻煩。提問時，不僅要考慮自己的退路，同時也要考慮對方的退路，要把握好時機和火候。

（4）等待時機，繼續追問

如果對方的答案不夠完善，甚至回避不答，這時不要強迫追問，而是要有耐心和毅力，等待時機到來時再繼續追問，這樣做以示對對方的尊重，同時再繼續回答對方問題也是對方的義務和責任，因為時機成熟時，對方也不可推卸。

（5）提出已有答案的問題

在適當的時候，可以將一個已經發生，並且答案也是大家都知道的問題提出來，驗證一下對方的誠實程度及其處理事物的態度。同時，這樣做也可給對方一個暗示，即我們對整個交易的行情是瞭解的，有關對方的資訊我們也是掌握很充分的。這樣做可以幫助我們進行下一步的合作決策。

（6）適可而止

不要以法官的態度來詢問對方，也不要問起問題來接連不斷。

如果像法官一樣詢問談判對方，會造成對方的敵對與防範的心理和情緒。因為雙方談判絕不等同於法庭上的審問，需要雙方心平氣和地提出和回答問題，另外，重複連續地發問往往會導致對方的厭倦、乏味而不願回答，有時即使回答也是馬馬虎虎，甚至答非所問。

（7）耐心等待回答

當我們提出問題後，應閉口不言，專心致志地等待對方做出回答。如果這時對方也是沉默不語，則無形中給對方施加了一種壓力。這時，我們應保持沉默，因為問題是由我們提出的，對方就必須以回答問題的方式打破沉默，或者說打破沉默的責任將由對方來承擔。

（8）態度要誠懇

如果我們提出某一問題而對方不感興趣，或是態度謹慎而不願展開回答時，我們可以轉換一個角度，並且用十分誠懇的態度來問對方，以此來激發對方回答的興趣。這樣做會使對方樂於回答，也有利於談判者彼此感情上的溝通，有利於談判的順利進行。

（9）問題要簡短

在談判過程中，提出的問題越短越好，而由問句引出的回答則是越長越好。因此，我們應儘量用簡短的句式來向對方提問。因為當我們提問的話比對方回答的話還長時，我們就將處於被動的地位，這種提問是失敗的。

提出問題是很有力量的談判工具，因此在應用時必須審慎明確。問題決定討論或辯論的方向，適當的發問常能指導談判的結果。在談判中，正確的答覆不一定就是最好的答覆。答覆的藝術在於知道什麼該說什麼不該說。

談判，就其基本構成來說，是由一系列的問和答所構成的，有問必有答，「問」有問的藝術，「答」也要有答的技巧。如果答的不好，一不小心就會被人抓住把柄，使自己陷入被動。

在談判過程中，談判者應遵循以下幾點原則。

（1）先思考

在談判過程中，提問者提出問題，請求對方給予回答，自然會給回答者帶來一定的壓力，似乎必須馬上回答。在回答問題之前，要給自己一些思考的時間。談判中對提問回答的好壞，並不是看你回答的速度，特別是面對一些涉及重要既得利益的問題，必須三思而答。此時可以借點支香菸、喝水、調整一下自己坐的姿勢，整理一下桌子上的資料，翻一翻筆記本等動作來延長時間，做出經過思考的回答。

（2）回答不應太隨便

談判者在談判桌上的提問動機複雜、目的多樣，談判者往往沒有瞭解問話動機，按常規回答，結果反受其害，而一個高明的回答，都是建立在準確判斷對方用意的基礎之上，並獨闢蹊徑，富有新意的。

（3）不該回答的絕不回答

在談判中，回答問題越明確、全面就越顯得愚笨。回答關鍵在於什麼該說什麼不該說。如果什麼問題都全盤托出，就難免暴露自己的底細了，以至於給自己帶來被動。

（4）答非所問

從談判技巧的角度看，對不能不回答的問題採用答非所問，是一種行之有效的方法。有時，對方提出的問題己方很難直接從正面回答，但又不能用拒絕回答的方式來逃避問題，這時就只能應付對方，講一些與此問題既有關又無關的問題，東拉西扯，不著邊際，看上去回答了問題，其實是沒有實質性的內容。

在《新約翰福音》中有一個故事：

> 猶太人的教師和法利賽人帶來了一個在通姦時被抓到的女人，當眾問耶穌：「按摩西的法律，這犯姦淫罪的女人應該用石頭打死，你說怎麼辦？」這是法利賽人設下的圈套。耶穌如果不同意，那就違反了摩西的法令；假若同意，聲稱為「救世主」的耶穌就要對打死人負責。
>
> 耶穌回答說：「你們中誰沒有犯過錯誤，誰就拿石頭砸死她吧！」眾人反躬自問，都覺得自己並不乾淨，一個個走開了，那個女人由此得救。

（5）道聽塗說回答法

有些談判者面對毫無準備的提問，往往不知所措，或者即使能夠回答，但鑒於某些原因而不便回答的時候，通常就可採用諸如「對於這個問題，我雖沒有調查過，但我曾經聽說過……」或「貴方的問題，提得很好，我不知曾經在哪一份資料上看到過有關這一問題的記載，就記憶所及，大概是……」等找藉口推卸責任的回答法。這些回答中，即使答案是胡說八道帶有故意欺騙的性質，回答者也可以不負責任，因為答案不但沒加肯定，而且是道聽塗說的。這種回答法對於那些為了滿足虛榮心的提問者以及自己不明確提問的目的和目標的提問者，往往能收到較好效果。

（6）安慰回答方法

當問題屬於公認的複雜性問題或短時間內無法回答清楚的問題或技術性很強，非專家討論無法明瞭的問題時，有些回答往往採用安慰式。即首先肯定和讚揚提問者提問的重要性、正確性和適時性，然後話鋒一轉，合情合理地強調提問所涉及的問題的複雜性以及馬上回答的困難程度，還可以答應以後找個專門的時間對提問進行專門的討論等，以此換取包括提問者在內的在座者的理解與同情。

（7）將錯就錯

當談判對手對你的答覆做了錯誤的理解，而這種理解又有利於你時，你不必去更正對方的理解，而應該將錯就錯，因勢利導。

談判中，由於雙方在表達與理解上的不一致，錯誤理解對方講話意思的事情是經常發生的。一般情況下，這會增加談判雙方資訊交流與溝通上的困難，因而有必要予以更正、解釋。但是，在特定情況下，這種錯誤理解能夠為談判中的某一方帶來好處，就可以採取將錯就錯的策略。

第 6 課
演講的根本：一句話抓住人心

每個人都具有口才天賦，都有演講的潛質。只是，或許你從未發現自己的能力，或許你沒有找到成功的訣竅而已。

魅力演講，從第一印象開始

一個舉止優雅、謙恭有禮的人，正如真正優雅的紳士一樣，那麼他們肯定能給人帶來更多的快樂和幸福。——哈佛箴言

演講者的形象是演講者思想道德、情操學識及個性的外在體現，是演講者的儀錶、舉止、禮貌、表情、談吐的綜合反映。演講者一經上場，會把自己的形象，借助觀眾的視覺，直接影響觀眾的評價和審美。因此，聰明的演講者從上臺到下臺，都應該特別注意自己的一舉一動，給人以完美的印象。

（1）走進會場

在一般的演講場合，走進會場時要面帶微笑，不論觀眾是否在注意你，如果是重要的演講者或被請的，往往由大會主持者陪同，則更要雍容大度，謙和誠摯，用

眼神和微笑與聽眾交流，步履穩健地向安排的座位走去。

（2）就座前後

演講時如需提前上臺就座，演講者將和大會主席或陪同人員一起走到座位前，演講者應先以尊敬的態度主動請對方入座，對方也會禮貌地懇請演講者坐，這時方可坐下。坐下後不要前探後望，也不要和臺上台下的熟人打招呼。

（3）介紹之後

主持人或會所主席介紹完之後，演講者應自然起立，向主席點頭致意，並要由衷地從面部、眼神表示出謙虛之意和感激之情。

（4）登上講臺

演講者向主席點頭致謝後，穩健地走到台前，自然地面對聽眾站好。此時應端莊大方，舉止從容，精神飽滿，也可面露微笑，尤其是女性演講者。

（5）演講開始

演講開始前，先以友好、誠懇、恭敬的態度向聽眾敬個禮，以表示對聽眾的致意。然後不要急於開口，暫停幾秒鐘，以親切、尊敬的眼光掃視一下聽眾，表示光顧和招呼的意思，這能起到組織聽眾、安定聽眾情緒的作用。同時深吸一口氣，平靜一下自己的心情，以免心率過快。

（6）站姿

若會場未設演講台，演講者一般以站在前臺中間為宜，因為這裡可以統觀全場，最大限度地注意到周圍聽眾的情緒，使處在不同位置的聽眾都能從各自的角度看到演講者的表演。另外，站位也要考慮光線，要讓光線照在臉上，使聽眾看到演講者的真實表情，但必須合適，不能光線太刺演講者的眼睛，使他看不到聽眾。

至於站姿，沒有固定模式，但要保證演講者的表演，較好的有兩種。一是前進式站法。即一腳在前，一腳在後，兩足間呈四十五度角，身軀微向前傾，給人一種振奮向上的感覺。二是自然式站法。即兩足平行，相距與肩同寬，給人一種注意力集中、精神抖擻的印象。

（7）走下講臺

演講完畢，應說句「謝謝大家，再見」，接著向聽眾敬禮致意，向大會主席致意，然後走回原座。坐下後，如果大會主席和聽眾以掌聲向演講者表示感謝，則應立即起立，面向聽眾致禮，以表示回謝。

（8）走出會場

大會主席陪同演講者往外走的時候，聽眾常常出於禮節鼓掌歡送。這時演講者更應謙虛，用鼓掌或招手表示答謝，直到走出會場。

克服演講的緊張心理

每個人都具有口才天賦，都有演講的潛質。只是，或許你從未發現自己的能力，或許你沒有找到成功的訣竅而已。——哈佛箴言

如果想克服演講的緊張心理，先要弄清自己為什麼害怕當眾說話，只要對症下藥，只要肯下功夫，就會把它變成一種助力，而不是一種阻力。

愛默生說：「恐懼較之世上任何事物更能擊潰人類。」誠然，有過公共演講經歷的人都知道，很少有人能夠做到心情平靜、信心十足地登上演講臺。有些人因為緊張害怕甚至不敢說話，或者說話顯得拘謹不自然。

路瑟・古利克在他的《有效率的生活》一書中說：「十個人中，找不到一個能讓自己保持最佳姿態的人……你一定要把脖子緊緊貼住衣領。」

那麼如何克服怯場的心理呢？以下幾點方法供大家參考。

（1）做好準備

林肯曾說：「我相信，我若是無話可說時，就是經驗再多、年齡再老，也不能免於難為情的。」對付怯場最有力的武器就是告訴自己對本次演講做了十分充分的準備。自己的選題不僅對自己而且對聽眾也很有吸引力，而且也收集到了大批的資料。演講稿也緊扣主題，已經反覆練習了多次。

（2）減少心理壓力

不要把目標定得過高，對於不切實際的期望要有客觀的分析。如果把演講的意義片面誇大，甚至把演講與個人終生的成就、事業和幸福等緊緊聯繫在一起，演講還未來臨，就已經是惶惶不可終日了。要學會給自己放鬆，在演講前，可以做深呼吸。目的是給自己提供充分的氧氣，幫助自己在演講中更好地控制聲音。同時，也可以轉移自己的注意力，積極聽取別人的意見，這樣就可以轉移自己的注意力，更好地放鬆身體和思想。

英國戲劇大師蕭伯納，年輕時口拙而木訥，剛到倫敦時，拜訪朋友都不敢敲門，常常要在人家門口徘徊二十分鐘。

後來，他鼓起勇氣參加了「論辯學會」。為練膽量、練演講，他不放棄一切機會同對手爭辯。經過一段時間，終於從害怕講話到喜歡講話到能言善辯，成為著名的社會活動家和演講家。

他一生共做過七百多次的成功演講。有人問他是怎樣練習演講的，他說：「我是以自己學溜冰的辦法學講話——我固執地、一味地讓自己出醜，直到習以為常為止。」

（3）臨場發揮

逐字逐句地背誦講稿，很容易在面對聽眾時遺忘，即使沒忘，講起來也會顯得十分機械化。

美國總統林肯曾說：「我不喜歡聽刀削式的、枯躁無味的講演。」背演講稿對演講者可能是一種必要的準備方式，但是，背誦依賴的是機械記憶，逐字逐句的記憶不僅耗費演講者大量的時間，而且容易形成演講者心理麻痹。

實際的演講過程中，一旦出現怯場、聽眾騷動、設備故障等突發事件，則而容易出現「短路」現象。因而，在準備演講中我們只要準備好大概的提綱，根據自己的語言、思路充分發揮，就更能打動聽眾。

（4）處理「怯場」要冷靜

當怯場現象發生時，只要有所準備，掌握必要的技巧，也可以順利度過這一危機期。

當意識到自己出現怯場現象時，不要驚恐慌亂，抱著平常心的心態，不要好強求勝，也不要過分地強調自己的怯場緊張心理。通過呼吸調節法消除自己的緊張感，採用這種方法可以消除雜念和干擾。當自我感覺十分緊張時，有意識地控制自己的情緒。要時時記住，既然你自己下定的決心，那就大踏步而出，並深深地呼吸吧。事實上，在開始演講之前，應深呼吸三十秒，這樣所增加的氧氣供應可以提神，並能給自己勇氣。

讓你的演講簡潔有力

在演講時，有話則長，無話則短。即使內容充實的演講，也不宜太長。——哈佛箴言

演講語言的短句特色，是指演講者在演講中，把本來可以用長句表達的意思變成短句，使演講語言顯得短小精悍、明快有力。

與短句相比，長句無論在氣勢方面，還是在力量方面都要遜色得多。所以，短句特色是提高演講效果的一種重要方法。

從中外演講大師的實踐來看，短句特色是一種成功的演講技巧。

從比較的角度考察，書面語言句子長，優點是精確、全面；缺點是呆板和累贅、冗長。而演講句子短，簡潔明快，生動有力，充滿生氣，在演講時總有一定

的「不言而喻」的情境和語境，表達時可以借助非言語傳播手段（如語調、語速、衣著、手勢、表情等等），所以儘管句子簡短，仍能很好地傳情達意，而且琅琅上口，有助於記憶，因此能收到很好的演講效果。

如「人不犯我，我不犯人；人若犯我，我必犯人」、「敵進我退，敵駐我擾，敵疲我打，敵退我追」、「不是不報，時候未到；時候一到，一切都報」等等，也都是長句短說的典型例子。

在運用短句特色時，事先一定要有充分準備，能用短句表達的，決不用長句，或者把長句化為若干短句。在演講時，若有的句子不宜變為短句，就不必硬性地使用短句，而應注意長、短句的交叉使用，使長、短句相互補充，相得益彰。

演講語言疏密有致，波瀾起伏，也能使演講豐富多彩，吸引聽眾。

所以，演講到底是長一些好，還是短一些好，不能一概而論，只要有內容，有感情，長短都可以。不過，在現代交往中，社會節奏快，時間觀念強，說話簡潔會給人一種生機勃勃的感覺。說出的話自然就有力度，而演講因其特殊的存在形式，更是如此。

一位作醫生的演說者，一天晚上，在布魯克林的大學俱樂部演講。那次集會，時間拖得很長，已有很多人上臺講過話了。輪到他演講時，已是凌晨了。他要是為人機智圓滑一點或是善解人意一點，應該上臺說上十幾句，然後讓人們回家去。

但他沒有這樣做，反而展開了一場長達四十五分鐘的長篇演說，極力反對活體解剖。他還沒講到一半，聽眾就希望他從窗口摔出去，並摔斷某些部位，任何部位都可以，只要能讓他住口就行。

演講最好還是短一些為好，特別是如果本來就沒有多少話可說，而喋喋不休，更會讓人生厭。即使演講的內容很充實，如果太長，也會讓聽眾受不了。

林肯在他一生中發表過許多重要演說，但最引人矚目、評價最高的一次演說，就是在蓋茲堡，為紀念一次戰役勝利和慶祝國家烈士公墓建成的大會上的演講。

這次演講不到三分鐘，共十句話。當時，新聞記者甚至連拍照都來不及，他卻已經講完了。但他的演講觀點明確，第一次明確地提出了「民有、民治、民享」的革命思想，三萬多聽眾發出了經久不息的掌聲。

連在他之前演講了兩個小時的著名演說家埃弗雷特也寫信給林肯承認：「如果我在兩個小時內所講的東西，能稍微涉及你在兩分鐘內所講的中心思想的話，那麼，我就十分欣慰了。」

與其長而讓聽眾生厭，不如短一些給人留下深刻印象。其實演講短一些未必不能把問題說清楚，短，一方面能讓聽眾意猶未盡，一方面能表現出演講者的概括能力。

演講受聽眾可接受性的制約，面對聽眾演講往往有一定的時間限制，所以修改演講稿時還須考慮篇幅長短是否符合規定的時限。如果超過規定的時限，應當壓縮文字，刪減篇幅。

倘若不到規定的時限，有必要的話，還要再增加材料、擴充內容，最好是在保持內容完整的前提下，使內容具有一定的伸縮性。這樣，臨場時，可以根據聽眾的反應隨時做出調整，靈活機動地把握時間。

如何使演講做到簡潔有力呢，以下幾點禁忌可能對演講者有所幫助。

（1）忌使用空話套話

有些人一開口就「客套話不斷」，少不了客套、謙虛，一分析問題就按老俗套喊空口號，幾乎沒有有效資訊。

（2）忌重複累贅

有些有用的資訊由說話人發出後，聽眾便接受並儲存起來了。但說話人卻說話囉嗦重複，以大同小異的形式多次輸出，這些資訊就成了多餘的了。

（3）忌節外生枝

說話人沒有掌握好主題，因此在一些細枝末節上發揮太多，或意已盡而言不止。這些內容雖然也包含不少資訊，但卻不是主要資訊，而是與主題關係不大的次要資訊。與主題無關的資訊只會增加聽眾的厭煩心理。

忌口頭禪不離嘴。

有些人講話脫不了「口頭禪」，什麼「這」、「那」、「對不對」、「是嗎」等等，差不多句句不離口，雖然演講者並非有意，可對聽眾來說，不但全是無用資訊，而且令人生厭，所以必須戒掉。

真情實感是演講的靈魂

真情實感是演講的靈魂，為了表達自己的感情，演講者必須借用一定的形式，否則感情的表達就不暢快，效果也不會很好。——哈佛箴言

情感是藝術的靈魂，也是演講生命力的源泉。「功成理定何神速，貴在推心置人腹。」這裡的推心置腹就是指話語真誠。所謂真，是指不矯揉造作，不言辭虛浮，能夠保持說話人的自我本色。所謂誠，就是真心真意、不掩蓋、真情流露。

在話語交際過程中，要使對方感受到情感的真實，說話人的話語一定要受到發自內心的充沛的情感支配。一位作家曾說：「說話人裝著對自己所說的話毫無情感，把自己隱藏在幕後，也不理睬聽眾是誰，不偏不倚、不痛不癢地背誦一些冷冰冰的條條，玩弄一些抽象概念，或是羅列一些乾巴巴的事實，沒有一絲的人情味，

這只能是掠過空中的一種不明來歷去向的聲響，所謂『耳邊風』，怎能叫人產生興趣，感動人，說服人呢？」

感人心者莫乎先呼情。唯有熾熱的情感，才會使「快者掀髯，憤者扼腕，悲者掩泣，羨者色飛」。演說如果感情不真切，是逃不過成百上千聽眾的眼睛的。

美國著名政治家林肯非常注意培養自己真誠的品格。一八五八年他在一次競選辯論中說：「你能在所有的時候欺瞞某些人，也能在某些時候欺瞞所有的人，但不能在所有的時候欺瞞所有的人。」

無嘩眾取寵之心，有實事求是之意，才能取悅於你的演講對象，使他們接受你的思想。一個演說者如果講話華而不實，只追求外表漂亮，開出的只能是無果之花。若缺乏真摯而熱烈的情感，只是用「人工合成」的感情，雖然能欺騙聽眾的耳朵，卻永遠騙取不到聽眾的心。因為心弦是不會隨隨便便地讓人撥動的。若要使人動心，必先使己動情。

第二次世界大戰期間，英國首相邱吉爾在對秘書口授反擊法西斯戰爭動員的講稿時：「像小孩一樣，哭得涕淚橫流」。他的這次演說動人心魄，極大地鼓舞了英國人民的鬥志。

真情是演說是最好的技巧。在演說中，唯有真誠的情感，才能產生巨大的影響，才能喚起群眾的熱誠，才有震撼人心的力量。

演講口才培訓的目的之一是說動人心，下面是幾種使你能說動人心的口才培訓方法。

（1）大小的換喻

運用想像的方法，可以使一個很大的數目，因為分配在長時間，且和日常某種微小的費用相比的緣故，所以看起來像是很小了。像某一個人壽保險公司的經理，對他的屬下講保險費的價值，他說：「假使有一位不到三十歲的人，自己刮臉，每天省下五分錢的刮臉費，存下作為保險費，他死後可以留給家屬一千元；假使有一位三十四歲的人，他每天本來要吸兩角五分的香菸，現在，把這吸菸的錢省下來作為保險之後，不但可以多活若干年，死後還可以留給家屬三千元。」

（2）用一點數字

數字的數量本身，是沒有感動人的力量的，必須用實例來證明，最好用我們自己最近的經驗來表示。有位演講家，在倫敦市參事會演講關於勞工的情況，講到中途突然停了下來，取出他的表，站在那裡眼看著聽眾有一分十二秒之久，坐在椅子上的其他參事員都覺得奇怪，互相用驚奇的目光，望望演說者再望望身旁的每個聽講者。這是怎麼一回事？難道他忘掉了演說辭而一時講不下去了嗎？

不，他繼續再講的時候說：「諸位，方才大家都感到局促不安的七十二秒鐘的時間，就是一個普通工人造一塊磚頭所用的時間。」

請讀下面兩種說法，看看哪一種給你的印象最深？

「在歐戰之中，英國花費約七十億英鎊或是美金三百四十億元。」

「這次的歐洲大戰，英國耗去的金錢數目，等於一個人從哥倫布發現新大陸一直到現在，日夜不停的每分鐘用去六十八英鎊。等於從一〇六六年諾曼地公爵征服英國一直到現在，日夜不停，每分鐘用去六十八英鎊。等於耶穌出生以來，日夜不停，每分鐘用去三十四英鎊。換句話說，英國共用去三百四十億元，但是耶穌降生到現在，才只有十億分鐘。」

（3）適當重複

把一件事情重複申述，這也是把反對我們的意見，以及不能取得我們同意的意見加以阻止，而不使其發生的一種方法。要使大家能夠相信並且接受一種真理，只講一兩次甚或是十次是不會成功的。要使真理深印人心，必須要再三地申述。因為聽眾若是繼續聽那一件事，在不知不覺中就和這個真理連在一起了，到了後來，他們把那件事靜靜地記錄在腦海中，就像信仰宗教一樣不再去懷疑它了。

我們把重複申述的優點講了不少，可是，還得警告沒有經驗的演說家，重複申述，也是一個危險的工具。因為，它不具有十分豐富的不同的措辭，從而會使聽眾感到重複而討厭。若是這樣，非但不能吸引他們的注意力，相反他們時時要拿出表來看看時間了。

（4）一般與特殊置換

當你用一般的說明和特殊例證的時候，聽眾很少會感覺討厭的。因為，這是有趣而容易引人注意的一種方法。

比方說，「許多富人過的日常生活是很簡單的。」這一句話並不怎樣的動人，因為說得太空洞，要使聽眾相信，最好是舉出一些實例來。譬如把我親眼看見的種種富人生活說出來，才能有使你得出和我同樣結論的可能。而且你也不會來問我「這話是從何說起的」了。舉出實事來讓人自己去求結論，比用現成的結論的力量要多三五倍。關於這種例子我們隨時都可以舉出許多來。

石油大王洛克菲勒，在紐約百老匯街廿六號的辦公室中有一把皮睡椅，他每天中午都要躺在上面小睡一次。這不是把「富人的生活很簡單」那句話講得十分明白了嗎？不是像演戲一般地表演出來，使你得到真實的感動了嗎？

演講口才速成法

要掌握正確的演講口才培訓方法，必須尋求科學的訓練途徑。有了這些，再加上刻苦的實踐，就能儘快提高演講者的能力。——哈佛箴言

以下是哈佛大學培訓演講口才的簡單方法：

（1）幽默生動，耐人尋味

幽默的含義是有趣或可笑而又意味深長。如果只有前者，即只是有趣或可笑，而並無深刻的含義，則不是幽默，只能稱作滑稽或噱頭。幽默作為一種最生動的表現手法，也大量被用在演講中。

幽默不僅在一般演講場合中得到廣泛應用，而且在政治場合也開始廣泛使用。

據說美國總統林肯枕邊經常放著一本笑話集，他能熟練地把幽默恰如其分地應用到

自己的演講中去，被美國人民稱為「最大的總統」。

莎士比亞說：「幽默和風趣是智慧的體現。」健全、熱情、具有人情味的智慧就是最好的幽默，這種幽默的正確使用，會使我們的演講魅力無窮。

（2）格言警句，增光添彩

哲理法一般是指格言、警句在演講中的運用。人們對具有啟迪睿智和含有深刻哲理的語言，稱為格言警句。它是人們對待事物與人生認識的高度概括和總結，它比一般的道理更深刻、更凝練，更富有啟迪作用。例如，胡適的《畢業贈言》中有這樣一段話。

「諸位，十一萬頁書可以使你成為一個學者了。可是，每天看三種小報得費你一點鐘的功夫；四圈麻將也得費你一點半鐘的光陰。看小報呢？還是打麻將呢？還是努力做一個學者呢？全靠你自己的選擇！

易卜生說，你的最大責任是把你這塊材料鑄造成器。學問便是鑄器的工具。拋棄了學問便是毀了你自己。再會了！你們母校眼睜睜地要看你們十年之後成什麼器。」

（3）故事穿插、喜聞樂見

穿插法，是指演講者為了更好地闡述自己的觀點和主張，在演講中穿插一些故事、笑話、趣聞、詩詞、歌曲等的方法。這種方法能活躍氣氛、激發聽眾情緒，能使理論深入淺出，給聽眾留下深刻的印象。

演講者使用穿插法，其作用除了使事理更為形象、深刻外，還能調節現場的氣氛，增加聽眾的興趣，從而獲取最佳的演講效果。

（4）情深意切，催人淚下

抒情法就是演講者在演講中，以抒發自己的感情來引起聽眾共鳴的方法。演講中，善於並巧妙地運用情感，使聽眾不僅曉之以理，而且動之以情，從而增強演講的感染力，激勵聽眾投入行動。

（5）製造懸念，刺激聽眾

懸念法是指演講者在演講中有意提出問題，設置疑問，引而不發，以激發聽眾的好奇心和求知欲的藝術手法。

懸念法經常用在演講的開頭，以引起聽眾好奇，吸引聽眾注意，促使聽眾積極思考。

例如，復旦大學曾舉行過「青年與祖國」的演講比賽，前面有五六個同學講過了，會場始終嘈雜不堪。最後一位同學上場，開頭就說：「我想向諸位提一個問題。」

這時會場開始靜下來，接著演講者又說：「誰能用一個字概括青年和祖國的關係呢？」

這時的會場便十分安靜了，演講者按照既定的準備講了下去。

演講中巧設懸念，常用設問的手法。設問是一種無疑而問，也能使聽眾產生懸念。

設置懸念的方法很多，我們必須精心選擇既能扣住演講主題，又能激發聽眾的好奇心和求知欲的話題，作為懸念法的依託，充分發揮懸念在演講中的應有作用。

引經據典，畫龍點睛

名言和警句是對生活哲理的概括，一方面反映出人對生活的認識，另一方面也反映出人對生活的態度。——哈佛箴言

卡內基說：「我在孩童的時候常拿一根棍子，去橫在一群羊要經過的門口來玩。當前面幾隻羊跳過了棍子，我就把棍子拿去，後面的羊，走到門口的時候，還是跳一下，一如前面的羊跳過棍子一樣。牠們要跳一下的原因，就是因為前面的羊跳的緣故。這並不是羊特有的現象，差不多人也是這樣，大家常常在不知不覺中模仿別人的所作所為，信仰別人的信仰，並毫無疑問地接受名人所講的一切。」

陸機在《文賦》中說：「立片言而居要，乃一篇之警策。」也就是說，在文章的關鍵處要用一句或幾句警句來點明題旨，是最容易打動人的。

名言和警句是對生活哲理的概括，一方面反映出人對生活的認識，另一方面也反映出人對生活的態度。一個沒有生活體驗的人是無法恰如其分地使用名言和警句的。而那些善於思考的作家，他們的作品語言精美、思想深邃，給人的印象總是深刻的，對人的內心衝擊總是很強烈的。

名言警句對於深化演講主題有重要的作用，但在演講中引用名言警句應該注意以下幾個方面：

＊要引用原文，不要以訛傳訛；

＊要全面領會原文，不要把意思搞反；

＊要反覆證明一下原文是誰說的，不要張冠李戴；

＊少用「據權威人士說」之類的話；

＊要引用「受歡迎的」名人的話；

＊要引用當地名人的話；

＊要引用有資格講這話的人所說的話。

同名言警句一樣，寓言典故也是言簡意賅，內涵深刻的。在相同的境況下，運用寓言和典故也是很有說服力的。古人就常用寓言來表述自己的觀點。

梁惠王曾問孟子：「我對治理國家可謂費盡心機，可是考察一下鄰國沒有一個君主像我這樣對待百姓的，為什麼鄰國的百姓不見少，而我的百姓卻不見多呢？」

孟子說：「大王喜愛戰爭，讓我用戰爭作比喻吧。兩軍交戰的時候，有兩個士兵棄甲而逃，一個跑了五十步就停下來，另一個跑了一百步才停下來，因為自己跑了五十步就笑話跑了一百步的人對不對呢？」

梁惠王說：「不對，跑五十步只不過還沒跑一百步罷了，但這也是逃跑呀！」

孟子說：「大王如果懂得了這個道理，那就不要希望你的百姓增加了。」

在演講的時候，可以借用古人成功的經驗，因而「引經據典」已經成為我們論證的固定形式之一。但引經據典一定要注意下面的問題。

一、由於「經」、「典」大都是文言文，所以應儘量翻譯成白話文，若是直接穿插文言文，恐怕聽眾自己還有個翻譯的過程，這樣會影響聽講的效果，所以這個程式一般都應由演講者來完成。

二、翻譯應儘量堅持直譯，如果直譯確有困難，可以採取變通手法，把直譯和意譯結合起來。引經據典一定要貼切。

三、抓住寓言和典故的核心與本質，刪除不必要的重複和陪襯，儘量使寓言和典故短小精悍，以便能說明問題。

為了給演說增加文采，增加動人的力量，可以適當地在演說中用詩詞名句作裝飾，選用的詩詞一定要貼切、恰當，引用適當的詩詞名句可顯示你的文采和修養。

但若一篇嚴肅的演說結尾也引用這首詩，就顯得不倫不類，適得其反。所以，名人的話，古今的格言，詩詞佳句都可用在演說中，但一定要用得恰當。

《呂氏春秋》說：「文章無警策，則不足以傳世，蓋不能感動世人。」詩詞是語言寶庫中經千錘百煉篩選出的精闢之詞，因而它有久遠的生命力。名人、大師、英雄人物的格言和詩句，容量大，力度大，適當引用，有畫龍點睛之妙。

在結尾時昇華

結尾是走向成功的最後一步。把握得好，就會給聽眾留下深刻的印象，把握不好，就會功虧一簣，令人掃興。——哈佛箴言

結尾和開頭一樣，同樣最能顯示演講者的演講藝術，是演講中最具戰略性的一點。俗話說得好：「編筐編簍，全在收口。」演講的結尾是對整個演講的總結，它承擔著收攏全篇的任務，因此，其意義是非常大的。演講的結尾既要有文采又要堅定有力，既概括全篇又耐人尋味，才能使全篇演講得以昇華，收到良好的效果。

激發高潮是很普遍的結束方法。這通常很難控制，但是如果處理得當，效果就會好得出乎意料。整個演說逐步向上發展，在結尾時達到高峰，句子的分量也愈來愈重。例如，林肯讚美尼亞加拉瀑布的演說，就是如此。

「這使我們回憶起過去。當哥倫布首次發現這個大陸，當基督在十字架上受苦，當摩西領導以色列人通過紅海，甚至當亞當自其造物者手中誕生時，那時候和現在一樣，尼亞加拉瀑布早已在此地怒吼。已經絕種但其骨頭塞滿印第安土墩的巨人族，當年也曾以他們的眼睛凝視著尼亞加拉瀑布，正如我們今天一般。尼亞加拉瀑布與人類的遠祖同期，但比第一位人類更久遠。

「今天，它仍和一萬年以前一樣聲勢浩大。早已死亡，只有從骨頭碎片才能證明它們曾經生存在這個世界上的史無前例的巨象，也曾經看過尼亞加拉瀑布。在這段漫長無比的時間裡，這個瀑布從未靜止過一分鐘，從未乾枯、從未凍上過、從未合眼、從未休息。」

講演結尾的要求大致可以歸納成以下三點。

（1）總結觀點，在深刻印象中結束全篇

當演講基本完成，聽眾對你的觀點、態度以及講述的有關知識基本上已經掌握時，就必須考慮結束了。也就是該「收口」了。「收口」是從視覺上、聽覺上給聽眾留下最後的印象，將在聽眾的大腦螢幕上「定格」。所以，「收口」的好壞直接

決定了聽眾對整個演講的印象。

精彩的結尾往往能彌補一些不足，可以強化聽眾的總體印象。只要我們留意一下，便會發現古今中外的演講家對結尾都是很重視的。

卓別林是著名的喜劇大師，也是出色的演講家，他在一九四三年所作的《要為自由而戰鬥》的演講中，痛斥了妄圖奴役人民的「野獸」，最後他用直接呼告的形式給聽眾留下不可磨滅的印象。

「哈娜，你聽見我在說什麼嗎？不管你在哪裡，你抬起頭來看哪，哈娜，烏雲正在消散，陽光照射進來！我們正離開黑暗，進入光明！我們正在進入一個新世界裡——一個更可愛的世界。

「那裡的人將克服他們的貪婪、他們的仇恨、他們的殘忍。抬起頭來看哪，哈娜，人的靈魂已長了翅膀，他們終於要振翅飛翔了。他們飛到了霓虹裡——飛到希望的光影裡。抬起頭來看呀，哈娜！抬起頭來看呀！」

（2）戛然而止，意味深長

演講到達高潮時，聽眾的大腦皮層高度興奮，情緒飽滿，注意力集中，這時果斷收尾，能給聽眾留下深刻的印象。

美國作家約翰・沃爾夫曾說過：「演講最好在聽眾興趣未盡時戛然而止。」

> 在美國獨立戰爭前夕，國務卿裴特瑞克・亨利在維吉尼亞州議會上的演講就是採用這種方法結尾的：
>
> 「我們的同胞已經身在疆場上，我們為什麼還要站在這裡袖手旁觀呢？先生們希望的是什麼？想達到什麼目的？生命就那麼可貴？和平就那麼甜美？甚至不惜以戴鎖鏈、受奴役的代價來換取嗎？全能的上帝啊，阻止這一切吧！在這場戰鬥中，我不知道別人會如何行事，至於我，不自由，毋寧死！」

亨利以「不自由，毋寧死」六個字戛然而止，「不自由，毋寧死」成了美國人民爭取獨立自由的偉大誓言。

（3）借用名言警句結尾

在所有的結尾方法中，如果能找到合適的名言警句做結尾，那是最理想不過的。它將產生最合適的風味以及莊嚴氣氛，將表現出你的獨特風格，產生美的感受。

第 7 課

批評的方法：如何讓對方心服口服

指責別人而不顧對方的看法，自然對方不會服你。要想使批評真正發揮作用，就應先瞭解一下別人是怎麼想的。

因人而異，因事而異

批評和訓誡是禮儀和口才能力的一個最好的方法，因為批評訓誡過分了，就很難使下級信服；如果過輕了，又達不到批評的目的。——哈佛箴言

說話要靈活，批評和訓誡當然也要靈活，適度的批評能達到批評的最好效果。批評也要看對方的性情如何，因人、因事、因時而異，選擇不同的批評方式。

（1）批評要因人而異

不同的人由於經歷、文化程度、性格特徵、年齡等的不同，接受批評的方式和承受能力也有很大的區別。這就要求人們要根據不同批評物件的不同特點，採取不同的批評方式。

不同的人對於同一種批評，會有不同的心理反應。因為不同的人，性格與修養都是有區別的。

根據人們受到批評時不同反應，可以將人分為遲鈍型反應者、敏感型反應者、理智型反應者和強個性型反應者。

反應遲鈍的人即使受到批評也滿不在乎；反應敏感的人，感情脆弱，臉皮薄，愛面子，受到斥責則難以承受，他們會臉色蒼白、神志恍惚，甚至會從此一蹶不振、意志消沉；

具有理智的人在受到批評時會感到有很大的震動，能坦率認錯，從中汲取教訓；具有較強個性的人，自尊心強，個性突出，「老虎屁股摸不得」，遇事好衝動，心胸狹窄，自我保護意識強，心理承受能力差，明知有錯，也死要面子，受不了當面批評。

針對不同特點的人要採用不同的批評方式，對自覺性較高者，應採用啟發式自我批評法；對於思想比較敏感的人，要採用暗喻批評法；對於性格耿直的人，採取直接批評法；對問題嚴重、影響較大的人，應採取公開批評法；對思想麻痹的人，應採用警示性批評法。在進行批評時忌諱方法單一，生搬硬套，應靈活掌握批評的方法。

要學會運用「胡蘿蔔加大棒」的策略，防止「只知批評，不知表揚」的錯誤做法。在批評時運用表揚，可以緩和批評中的緊張氣氛。可以先表揚後批評，也可先批評後表揚。

批評還要注意含蓄，借用委婉、隱蔽、暗喻的策略方式，由此及彼，用弦外之音，巧妙表達本意，揭示批評內容，引人思而領悟。萬萬不可直截了當地說出批評意見，開門見山點出對方要害。

在批評時，可以運用多種方法。如：

通過列舉分析歷史人物是非，襯托其錯誤；

通過列舉和分析現實中的人物的是非，暗喻其錯誤；

通過分析正確的事物，比較其錯誤；

還可採用故事暗示法，用生動的形象增強對他的感染力；

笑話暗示法。通過一個笑話，使他認識錯誤，既有幽默感，又使他不至感到尷尬；

軼聞暗示法。通過軼聞趣事，使他聽批評時，受到點影射，也易於接受。

總之，通過提供多角度、多內容的比較，使人反思領悟，從而自覺愉快地接受批評，改正錯誤。

對於十分敏感的人，批評可採取不露鋒芒法，即先承認自己有錯，再批評他的缺點。態度要謙虛，謙虛的態度可以使對方的抵觸情緒很容易消除，使他樂於接受批評。例如，可以對人這樣批評：「這件事，你辦得不對，以後要注意了。不過我年輕時也不行，經驗少，也出過很多問題，你比我那時強多了。」

有時一些問題一時未搞清，涉及面大或被批評者尚能知理明悟，則批評更要委婉含蓄。先表明自己的態度，讓下屬從模糊的語言中發現自己的錯誤。但是，也不能一概而論，對嚴重的錯誤，應當嚴厲批評。另外對於執迷不悟者和經常犯錯誤者，都應作例外處理。要麼是他們改正錯誤，要麼是你不用他們。

（2）選擇適宜的時機

批評需要一定的前提。

首先批評和接受批評的雙方應該以足夠的信任為基礎，如果無法取得對方的信賴，即使所持的見解確實言之有物，見解精闢，卻依然無法令對方折服。其次，批評者必須有純正的動機和建設性的意見，在進言之前先要確定自己的言行有助於對方，而且確能發揮實際效用。

有許多批評，經常以「我只是想幫助你」為由，事實上卻為了一己之私。第三，你和被批評的物件之間有足夠的關係，構成批評的理由，而你又有足夠的時間分析自己的看法。

真理並不是任何人所能壟斷或獨佔的，當我們觀察別人時，總免不了以個人有限的經驗和一己的需求作衡量尺度，難免失之偏頗，最好的辦法就是在提出批評之前，先請教協力廠商，使你的言論更能切合實際，合乎客觀。

時機必須適當。

當一個人心平氣和較能以客觀立場發言時，就是談話的適當時機。假若你心中充滿不平，隨時可能大發脾氣，那麼最好先讓自己冷靜下來，因為過分情緒化的表現，不僅無濟於事，反而有害。

掌握事情發生的時效，在人們記憶猶新之時提出批評。假如你在事情發生幾個月以後才提出來，這時人們的記憶已經模糊，你的批評反容易使對方留下偏頗不公的印象。

除了個人的心理狀況外，也要把對方的心理狀況考慮在內。你應該在對方事先已有心理準備，並且願意聆聽的情況下，提出批評。假若對方情緒低落，那麼就等到他恢復冷靜時再說出你的看法，假若對方向你尋求幫助時，你也應該盡可能把事實告訴他。

（3）用詞要恰當

「你是騙子」、「你太沒有信用」，這樣的話，除了刺傷對方和使自己惱怒之外，沒有別的好處。批評對方只要評論事實即可，即使是對方沒有信用也不能如此當面斥責。此外，千萬不要否定部屬的將來。「你這人以後不會有多大出息！」領導是不該說出這樣的話的。要以事實為根據，就事說事，就部下目前情形而論，不要否定部屬的將來。

避免做人身攻擊，例如開門見山地說：「你工作不力。」這類批評容易引起對方的不滿，甚至導致衝突；妥當的方法是舉出具體的事實說：「你的報告，比預計的進度慢了兩天。」

儘量讓對方講話

指責別人而不顧對方的看法，就是把你的意見強加到別人身上。這樣談話建立的基礎就非常不平等，自然對方不會服你。要想使批評真正發揮作用，就應先瞭解一下別人是怎麼想的。——哈佛箴言

指責別人而不顧對方的看法，就是把你的意見強加到別人身上。這樣談話建立的基礎就非常不平等，自然對方不會服你。要想使批評真正發揮作用，就應先瞭解一下別人是怎麼想的，讓對方講述自己的看法。

如果你不同意他的看法，你也許會很想打斷他的講話。但不要那樣，那樣做很危險。當他有許多話急著說出來的時候，他是不會理你的。因此你要耐心地聽著，抱著一種開放的心胸，要做得誠懇，讓他充分地說出他的看法。

儘量讓對方講話，不但有助於處理商務方面的事情，也有助於處理家庭裡發生的矛盾。

芭貝拉．魏爾生和他女兒洛瑞的關係越來越惡化。

洛瑞過去是一個很乖、很快樂的小孩，但是到了十幾歲卻變得很不合作，有的時候，甚至於喜歡爭辯不已。魏爾生太太曾經教訓過她、恐嚇過她，還處罰過她，但是一切都收不到效果。

一天，魏爾生太太放棄了一切努力。洛瑞不聽她的話，家事還沒有做完，就離家去看她的朋友。

在女兒回來的時候，魏爾生太太本來想對她大吼一番。但是她已經沒有發脾氣的力氣了。魏爾生太太只是看著女兒並且傷心地說：「洛瑞，為什麼會這樣？」

洛瑞看出媽媽的心情，用平靜的語氣問魏爾生太太：「你真的要知道？」

魏爾生太太點點頭，於是洛瑞就告訴了媽媽自己的想法。開始還有點吞吞吐吐，後來就毫無保留地說出了一切情形。

魏爾生太太從來沒有聽過女兒的心裡話，她總是告訴女兒該做這該做那。當女兒要把自己的想法、感覺、看法告訴她的時候，她總是打斷她的話，而給女兒更多的命令。

魏爾生太太開始認識到，女兒需要的不是一個忙碌的母親，而是一個密友，讓她把成長所帶給她的苦悶和混亂發洩出來。過去自己應該聽的時候，卻只是講，自己從來都沒有聽她說話。

從那次以後，魏爾生太太想批評女兒的時候，就總是先讓女兒儘量地說，讓女兒把她心裡的事都告訴自己。她們之間的關係大為改善。

使對方多多說話，試著去瞭解別人，從他的觀點來看待事情，就能使你得到友誼，減少摩擦和困難。

記著，他人也許是錯誤的，但他並不認為如此。因此，不要責備他，試著去瞭解他，他之所以那麼想，一定存在著某種原因。查出那個隱藏的原因，你就等於擁有解答他的行為、也許是他的個性的鑰匙。

試著忠實地使自己置身於他的處境。如果你對自己說：「如果我處在他的情況下，我會有什麼感覺，有什麼反應？」那你就會節省不少時間及苦惱。

奧斯特洛夫斯基說過：「批評，這是正常的血液循環，沒有它就不免有停滯和生病的現象。」我們每一個人都不是生活在真空裡，就像我們身上要沾染許多病菌一樣，在我們的思想意識和言談行為上，也會不可避免地出現一些缺點、錯誤，積極開展批評，才能使我們保持身心健康。但是，在展開批評時，一定要講究方式、方法，這裡也有藝術性。否則難以達到預期效果。

那麼，採取什麼樣的批評方式才會取得好的效果呢？

（1）體諒對方的情緒，取得對方的信任

這是使批評達到預期效果的第一步。「心直口快」作為人的一種性格來說，在某些方面的確可體現出它的優點，但在批評他人時，「心直口快」者往往不能體諒對方的情緒，圖一時「嘴快」，隨口而出，過後又把說過的話忘了，而在被批評者的心理上卻蒙上了一層陰影也失去了對批評者的信任。所以當你在批評他人時，不妨學會從別人的角度來看問題，設身處地地站在對方的立場考慮一下，自己是否能接受得了這種批評。如果所批評的話自己聽來都有些生硬，有些憤憤不平，那麼就該檢討一下措辭方面有何要修改之處。

另外，也要考慮場合問題。不注意場合的批評，任何人都不會接受的。

（2）誠懇而友好的態度

批評是一個敏感的話題，哪怕是輕微的批評，都不會像讚揚那樣使人感到舒暢，而且，批評對象總是用挑剔或敵對的態度來對待批評者。所以，如果批評者態度不誠懇，或居高臨下，冷峻生硬，反而會引發矛盾，產生對立情緒，使批評陷入僵局。因此，批評必須注意態度，誠懇而友好的態度就像一劑潤滑劑，往往能使摩擦減少，從而使批評達到預期效果。

（3）用含蓄的批評來激勵對方

英國十八世紀著名評論家約瑟・亞迪森曾說：「真正懂得批評的人看重的是『正』，而不是『誤』。」這裡所說的「正」，實際上就是隱惡揚善，從正面來加以鼓勵，也就是一種含蓄的批評，能使批評對象不自覺地改正自己的錯誤和缺點。可以說從正面鼓勵對方改正缺點、錯誤的間接批評方法，比直接批評效果會更快、更好。因為這種批評方法易於被對方所接受，從而產生良好的效果。

缺點每個人都有，只有認識到自己的缺點才有可能進步。自己認識不到就得靠別人來幫助，這就是批評的價值所在。所以，批評人就像被批評一樣，讓對方認識到批評的價值才不會使批評走向誤區。

批評前先讚美對方

在批評別人前，應先提及別人的優點，對他讚美一番，這會讓人感到輕鬆愉快，消除刺激和敵意，使後面的批評更易於被接受。——哈佛箴言

美國著名演講家戴爾・卡內基說：「矯正對方錯誤的第一方法——批評前先讚美對方。」批評前先讚美，能化解被批評者的對立情緒，使其樂於接受批評，達到預想效果。

是的，面對批評和讚美，人們近乎本能地拒絕前者而喜歡後者，因為人類最深層的本性就是渴望得到別人的重視。聽到批評心裡自然會感到難過，也會有意無意地以種種方式來拒絕、逃避批評。其實這不僅僅是因為批評者缺乏語言表達能力，更重要的是批評和讚美本身會使人產生兩種相反的心理。

布諾親王就深切地感覺到運用這種方法的重要。當時，德皇威廉二世在位，他目空一切，高傲自大。他建設陸、海軍，欲與全世界為敵。於是，一件驚人的事情發生了！

德皇說了許多令人難以置信的話，震撼了整個歐洲，甚至影響到全世界。最糟糕的是，德皇還將這些可笑、自傲、荒謬的言論在到英國做客時當眾發表出來，並允許《每日電訊》照原意在報上公開發表。

比如，他說他是唯一一個對英國友善的德國人；他正在組建海軍想對付日本；憑藉他的力量，完全能使英國不屈辱於法、俄兩國的威脅之下；由於他的計畫，英國諾伯特爵士才能在南非戰勝荷蘭人。在當時的和平時期，歐洲沒有一位國王會說出這樣的話。從那時起，歐洲各國頓時譁然。英國人非常憤怒，而德國的那些政客們更是為之震驚不已。

事後，德皇也意識到了事態的嚴重，為了解脫自己，他只能請布諾親王代他受過，宣稱一切都是他的責任，是他建議德皇說出那些話來的。

可是，布諾親王卻當即反駁說，德國人或英國人不會相信這是布諾親王的主意。布諾親王說出這話後，馬上意識到自己犯了一個嚴重的錯誤。

果然，如他所想，他激怒了德皇，德皇認為布諾親王在辱罵他。

布諾親王明白應先稱讚，然後再指出他的錯誤，可是為時已晚。沒辦法，他只好做第二步努力：在批評後，再加以讚美。結果，奇蹟立刻出現了。布諾親王開始誇獎德皇，說他知識淵博，遠比自己聰明，德皇臉上慢慢地露出笑容。布諾親王抬高了德皇，貶低了自己。經布諾解釋後，德皇寬恕了他、原諒了他。最後，德皇只好自己去收場。

讚美既能讓人謙虛，又能建立友善的氣氛。在批評別人前，應先提及別人的優點，對他讚美一番，這會讓人感到輕鬆愉快，消除刺激和敵意，使後面的批評更易於被接受。

心理學研究發現，在錯誤已知的情況下，再針對錯誤進行重複式批評，並不會起到好的教育效果，反而會使犯錯者要麼產生逆反心理，對錯誤不以為然，我行我素；要麼產生自卑心理，對未來失去信心，自暴自棄。其實，每一個人都會犯錯誤，但犯錯並不是有心，做好才是每個人的追求。如果給被批評者穿上讚美的外衣，就會對糾正一個人的錯誤很有效，因為你用讚美表明了你的真誠，同時也打開了對方的心扉。

委婉的批評更有說服力

委婉實際上可以說是一種修辭手法，即在講話時不直陳本意，而是用委婉之詞加以烘托或暗示，讓人思而得其意，而且越揣摩，似乎含義越深、越多，因而也就越有吸引力、說服力和感染力。——哈佛箴言

有許多時候，我們往往會遇到不便直言之事，只好用隱約閃爍之詞來暗示。

一位顧客坐在一家高級餐館的桌旁，把餐巾繫在脖子上。這種不文雅的舉動很是讓其他顧客反感。經理叫來一位侍者說：「你讓這位紳士懂得，在我們餐館裡，那樣做是不允許的。但話要說得儘量含蓄。」

怎麼辦呢？既要不得罪顧客，又要提醒他。侍者想了想，走過去很有

禮貌地問了那位顧客一句話，說：「先生，你是刮鬍子呢，還是理髮？」

話音剛落，那位顧客立即意識到自己的失禮，趕快取下了餐巾。

侍者沒有直接指出客人有失體統之處，而是拐彎抹角地問了兩件與餐館毫不相干的事。表面看來，似乎是侍者問錯，但實際上正是通過這種風牛馬不相及的事情來提醒這位顧客，即使顧客意識到自己的失禮之處，又做到禮貌周到，不傷面子。這就是委婉的妙用。

說話直言不諱是許多人所推崇的，但是生活中，並非處處都能直說，有時非得含蓄、委婉一些，才能使表達效果更佳。直道跑好馬，曲徑可通幽，各有各的妙處。

變「害」為「利」，批評的目的是幫助對方

提起批評，也許更多人的理解是「挑刺」。實則，那只是批評很小的部分。真正高明的批評，更多的是交流、引導和印證。——哈佛箴言

如果你希望你的批評可以取得良好的效果，就要在方法上下功夫。一個人犯錯後，最難以接受的就是人們的群起攻之，這樣勢必會傷害他的自尊心。怎樣批評，實際是一種說服的技巧，是一門溝通的藝術。批評的目的意在打動對方，使得對方能認識到自己的錯誤，回到正確的軌道上，而不是貶低對方，即使你的動機是好的，是真心誠意的，也要注意方式和場合等問題。

良藥苦口利於病，但在現實生活中，扶正匡謬的批評的確不如良藥那樣為人所樂於接受，甚至成了難以下嚥的「苦藥」。批評得好，人家接受；反之，麻煩纏

身，成了「不受歡迎的人」。因此，批評要學會變「害」為「利」，使「硬接觸」變成「軟著陸」，即在「苦藥」上抹點糖，看似失去了鋒芒，但卻藥性不減。

在批評的過程中，適時地採取先表揚後批評的方式，使得對方能樹立改正錯誤的信心，樹立全新的自我形象。因為他從你那裡得到的資訊是，自己是有優點的，即使有錯誤也能很容易地接受批評，並很快地改正，所以**批評的藝術可以被稱之為一種為人處世的基本修養**。

批評和罵人不同，它們之間有著本質的區別，罵人是氣急敗壞的表現，是無賴的表現，這不需要多大水準，在大街上扯個潑婦，肯定能罵得十分出彩。只是，罵人的行為除了讓被罵者受傷，或者被路人恥笑之外，沒有多少意義。而批評不同，批評的過程，是批評者站在一個公正的立場，站在一定的高度，通過擺事實、講道理來對人與事進行的一場論證過程，它應該有著嚴謹有力的邏輯。因此，我們是萬萬不可把罵人的行為扯進批評的範疇內。

批評別人，就要給別人服氣的理由。我們作為批評者，就首先要加強自己本身的文化修養，對批評的人和事情，要有自己獨到的眼光和見解，要公正的看待問題，而不能根據黨同伐異的態度去行事。

在批評的過程中，我們要保持自己個人的意識形態，有自己的鑒別能力。然後，通過自己對問題的看法，真誠地向批評對象提出自己的意見，並指明他應該去努力的方向。只要我們的見解是正確的，意見是真誠的，態度是誠懇，別人又怎會不接受批評呢？

批評，顧名思義既要批也要評。批是批判，評是評價，當然也可以解釋為好評。不管怎樣，不能光批不評。

在批評的過程中，我們決不可以只批評不表揚。因為不管是人還是事，畢竟都還是有一點優點的。但這麼說，也決不是鼓勵大家在批評別人的時候先來一段表揚，在表揚以後再來一個但是，但是的後面加上一串的批評。這樣的批評只能讓別人覺得我們虛假。比如我們是老師，我們要批評學生的懶惰行為，我們可以這樣來批評：你很聰明，請以後勤奮點；而不要這麼說：你很聰明，但是你很懶惰。這兩種批評方式看著沒多大區別，但前一種批評方法已經在表揚中提出了自己對學生的要求，而後一種效果和第一種相比如何，大家肯定是心中有數了的。

金無足赤，人無完人。只要是人，就可能犯錯誤。其實，任何有上進心的人都不願意犯錯，要批評一個人的錯誤時，最好讓對方感覺到自己的錯誤。你的目的也是為了要幫助對方，而不是為了貶低對方的品格，因此批評以適可而止、給對方留有餘地的方式為好，會讓對方感謝你的寬容。

掌握有效批評的實用技巧

批評人就像被批評一樣，讓對方認識到批評的價值才不會使批評走向誤區。——哈佛箴言

缺點每個人都有，只有認識到自己的缺點才有可能進步。自己認識不到就得靠別人來幫助，這就是批評的價值所在。

如果到了非批評不可的地步，請遵守下面介紹的幾個實用技巧。

（1）通過討論和誘導說服別人

北卡羅萊納州王山市的凱塞琳‧亞爾佛瑞德是一家紡紗工廠的工業工程督導。她的職責的一部分，是設計及保持各種激勵員工的辦法和標準，以使作業員能夠生產出更多的紗線，而她們也能賺到更多的錢。

在他們只生產兩、三種不同紗線的時候，他們所用的辦法還很不錯。但是不久前他們擴大產品專案和生產能量，以便生產十二種以上不同種類的紗線，原來的辦法便不能以作業員的工作量而給予她們合理的報酬，因此也就不能激勵她們增加生產量。

凱塞琳已經設計出一個新的辦法，使他們能夠根據每一個作業員在任何一段時間裡所生產出來的紗線的等級，給予他們適當的報酬。設計出這套新辦法之後，凱塞琳參加了一個會議，她決心要向廠裡的高級職員證明自己的辦法是正確的。她詳細地說明他們過去用的辦法是錯誤的，並指出他們不能給予作業員公平待遇的地方，以及她為他們所準備的解決辦法。

但是，凱塞琳完全失敗了。她太忙於為自己的新辦法辯護，而沒有留下餘地，讓他們能夠不失面子地承認老辦法上的錯誤，於是她的建議也就胎死腹中。

在學習了幾堂關於卡內基的訓練課之後，凱塞琳就深深地瞭解了自己所犯的錯誤。她請求召開另一次會議，而在這一次會議之中，她請他們說出問題到底出在什麼地方。他們討論每一要點，並請他們說出最好的解決辦法。

在適當的時候，凱塞琳以低調的建議引導他們按照自己的意思把辦法提出來。等到會議終止的時候，實際上也就等於是凱塞琳把自己的辦法提出來，而他們也熱烈地接受這個辦法。

凱塞琳說：「我現在深信，如果你率直地指出某一個人不對，不但得不到好的效果，而且還會造成很大的損害。你指責別人只是剝奪了別人的自尊，並且使自己成為不受歡迎的人。」

（2）先引起對方的興趣

查理是個自尊心很強的男孩子，每次老師交代的功課他都很認真地去寫，成績也相當出色。但有一次老師發現查理的作業內容不好，沒有寫他真正理解了的東西。怎麼辦呢？如果直接說出來，會讓查理非常難堪。於是老師把查理找來，絕口不提作業的事。而問查理對什麼最有興趣？查理說最喜歡狗。

老師說：「很湊巧，我也是個狗迷。」接著，他們從各個角度談起了狗，竟然談了一個半小時。

最後，查理說：「我應該換個主題來寫那篇作業，現在我差不多已經有了個新的構想，就是剛才我們談到的關於『寵物』的問題，我想這次我一定能把它寫好。」

果然，查理的這篇作業，從「寵物熱」這一角度入手，分析了現代家庭問題，寫得相當出色。

查理的老師沒有直接地告訴查理作業需要重寫，而採取了鼓勵暗示的方法，從對方身上引出話題，讓他自發地暢談，最終達到其「自我否定、自我改善」的結果。這種指導方式既不致使對方不愉快，還會激起他新的興趣，充滿自信心地改正缺點和錯誤，這是批評人的一個良好模式。

（3）換個方法說

一位父親記述了說服兒子的技巧。

昨天晚上，我太太拿電話帳單給我看：

「瞧瞧，兒子在我們去歐洲的時候，打了多少長途電話。」她指著其中一項，「單單這一天，這一通，就打了一小時四十分鐘。」

「什麼？這還得了！」我立刻準備上樓去說他。可是，才站起來，又坐下了，我想自己在氣頭上，還是不說的好。而且兒子這麼大了，我要說，也得有點技巧。

我把話忍到今天，中午吃飯的時候，我對兒子笑著說：「你馬上回學校了，查一查資料，找一家長途費率最低的電話公司。」然後，又來個急轉彎，「咳，其實你上博士班，恐怕也沒有時間打，我是多操心了。」

「是啊，是啊，」他不好意思地說，「你是不是看到了我上個月的電話帳單？那陣子因為要有一大堆事急著聯絡，所以確實打多了。」

吃完飯，我很得意，覺得自己把要說的「省錢、少打電話、別誤了功課」這些話全換個方法說了，卻沒一點不愉快。

（4）強調「如果糾正過來會更好」

有位公司主管慨歎糾正別人錯誤實在難，稍微提醒一下部屬，部屬不是猛然反抗，就是越變越壞。這位主管只是指出對方的缺點加以批評而已。

有位棒球教練在糾正選手動作時，不說「不對，不對」而說「大致上不錯，但如果再糾正一下……結果會更好。」他並非否定選手，而是先加以肯定再修正。也就是說先滿足對方的自尊心，然後再把目標提高。如果只是糾正、警告的話，只有引起選手的反感，不會有何效果可言。

（5）用提問的辦法進行批評

一九八九年，在紐約哥倫比亞大學，李政道博士為一百二十多名中國留學生作學術報告，可是坐在後排的學生有的不認真聽講、互相講話，李政道非常生氣，聲色俱厲地說：

「請各位聽著，你們有這個機會再不聽的話，你是沒有前途的。你要自己尊重自己。你們考上中國——美國聯合招考的物理學研究生算得了什麼？你們考第一名又算得了什麼？難道中國青年就是這樣嗎？你們誰學了東西？請舉手。你們對得起自己嗎？你們必須努力。兩百年來中國人是受壓迫的，炎黃子孫是要抬頭的。你們是精華，你們必須尊重自己，你們是要負責的。」

李政道對留學生的批評，連用了好幾個詰問，以引發大家的思考，使大家思之得之。

用提問的辦法進行批評，適用於善於思考、性格內向、各方面比較成熟的人，這些人一般都有一定的思考接受能力，對自己的過失，多數情況下可以自我醒悟，把批評訊息傳給他們，他們就會加以注意，並隨之在思考中認識到自己的錯誤。

適可而止，見好就收

批評的話最好不超過三四句。會做工作的人，在對人批評教育時，總是三言兩語見好就收，不忘給對方留下一定的餘地。——哈佛箴言

一般來說，批評要適可而止，沒有必要非置對方於死地。因為我們批評人的目的是為了救人，為了幫助人。一個人犯了錯誤，我們對這個錯誤的某一點提醒一下就行了，再翻來覆去地批評就沒有必要了。將過去的錯誤多次批評，總是糾纏不休，不僅於事無補，而且也顯得有些愚蠢。

心理學研究表明，一種批評如果反覆進行，就會失去作用。有的人在批評人時，總覺得自己占了理，批評個沒完沒了。其實這是低下的批評方法。有經驗的人在批評他人時，總會點到為止。批評他人時，每次只提及一兩點，切勿新賬舊賬全

拉出來，讓人難以招架。批評的話一經點明，對方已經明白並表示考慮或有誠意接受，就不必再說下去了。如果只圖「嘴巴過癮」，說個沒完沒了，就可能得到相反的效果。

批評不是存款，時間越長利息越多，總是翻舊賬嘮叨個沒完，於做事沒有任何幫助，批評別人宜「就事論事」，不要新賬舊賬一起算。在交談結束後再加上幾句勉勵的話，就會讓被批評者認識到自己的錯誤，也會讓這次失敗成為有益的經歷，從而振奮精神，更加努力，避免再次出現錯誤。

況且「話說三遍淡如涼水」。對於一個已知的錯誤，一次提醒就夠了，一而再再而三地提起完全是沒有必要的，還有可能會引起別人的反感。而且說得多了，別人就會認為你對他抱有成見或者別有用心。

在點到為止這一點上，著名教育家陶行知先生為我們做出了榜樣。

一次一位女同學在交上來的考卷中做了小動作，她以為老師發現不了，就想瞞天過海地占點小便宜，卻被陶先生看出了問題，但陶先生並沒有對此說什麼，只是在那個小動作上重重地畫了一個圈。女學生明白了老師的意思，慚愧不已。

多年以後，當那位已成才的女同學再和陶先生相見時說：「從那件事以後，我才決心用功學習，才決心做一個誠實的人。」

陶先生的「點到為止」，表面上簡單從容，實際上卻告訴了女學生「我已經知道了你的小動作」。同時也暗示女學生「要改正你的錯誤，並且努力做一個誠實的人」。這樣一來既沒有傷害到對方，同時也達到了幫助他人糾正錯誤的效果。

所以，批評語點到對方明白就好，畢竟你的目的已經達到，如果你不懂得見好就收，則會適得其反。

第 8 課

激勵的動力：每一位員工都需要被鼓舞

在任何競技比賽中，每個人都想贏，那是一種強大的內在動機。做任何事業工作時，每個人都想成功，那是一股強烈的內心意願。

設置適當的目標，激發下屬的內在動力

管理者給下屬設定的目標要合理、可行，要與個體的切身利益密切相關。——哈佛箴言

領導者給下屬設置適當的目標，激發下屬的內在動力，最後達到調動人的積極性的目的，稱為目標激勵。

這在心理學上通常稱為「誘因」，比如望梅止渴中的「楊梅」就是一個誘因，誘導士兵們充滿遐想和期待。一般來講，誘因越有吸引力，給人的激勵性也就越大，下屬行動的幹勁就越大，實現的可能性也就越大。

因此，管理者給下屬設定的目標要合理、可行，要與個體的切身利益密切相關。

實施目標激勵時要注意到以下幾點內容：

一、應該通過企業目標來激發員工的理想和信念，並使二者融為一體。

二、使員工具體地瞭解企業的事業會有多大發展，企業的效益會有多大提高，相應地，員工的工資獎金、福利待遇會有多大改善，個人活動的舞臺會有多少擴展，從而激發出員工強烈的歸屬意識和積極的工作熱情。

三、企業應該將自己的長遠目標、近期目標廣泛地進行宣傳，以做到家喻戶曉，讓全體員工看到自己工作的巨大社會意義和光明的前途，從而激發他們強烈的事業心和使命感。

四、在進行目標激勵時，要把組織目標與個人目標結合起來，宣傳企業目標與個人目標的一致性，企業目標中包含著員工的個人目標，員工只有在完成企業目標的過程中才能實現其個人目標。

為員工提供公正公平的競爭舞臺

追求成功和滿足是人的一種本能，但是人們通常不是用絕對標準來衡量自己的成績，而是想方設法、竭盡全力去和別人進行比較。——哈佛箴言

在一個組織內部，競爭是一種客觀存在，在正確思想的指導下，這種內部競爭對調動組織成員的積極性有重大意義：它能增強組織成員的心理內聚力，激發組織成員的積極性，從而提高工作效率；它還能增強組織成員的智力效應，使組織成員的注意力集中、記憶狀態良好、想像力豐富、思維敏捷、操作能力提高。此外，它還能緩和組織內部的矛盾，增強組織成員的集體榮譽感。

因此，作為企業管理者，很有必要將這種競爭引入企業內部，使之成為激勵員

工的一種手段。

美國通用公司是率先提出內部競爭的企業，其董事長兼CEO傑克・韋爾奇說：「我鼓勵員工在工作上相互競爭，但不要有個人恩怨。我們的做法是將獎賞分成兩個部分，一部分用於獎勵員工在自己的業務部門的表現，另一部分用於獎勵員工對整個公司發展的貢獻。」

當斯隆成為通用汽車的CEO時，競爭對手福特公司擁有美國汽車市場百分之六十的分額，而通用則面臨破產的危險。斯隆立即著手進行汽車的市場細分，例如將雪佛蘭定位為大眾車，而將凱迪拉克定位為豪華車，激勵內部競爭，從而使通用汽車成功脫離了險境，並且獲得了極大發展。

管理者要想成功實施競爭激勵法，必須為員工提供公正、公平的競爭機會，力求讓每個員工都能盡情展現自我才能。對於在競爭中脫穎而出的員工，管理者要及時給予他們「勝利的果實」，例如晉級、加薪等；對於在競爭中暫時落後的員工，也要及時給他們打氣，並給予他們合理的指導或溝通，這樣才能激起他們繼續前進的勇氣和「這次不行，下次再來」的進取心態，從而實現企業內部所有員工的全面進步，這就是競爭激勵的終極目標，也是競爭激勵的核心所在。

美國一家大型企業集團為了調動員工的積極性，採取了一種很有特色的激勵方法：在員工內部進行評比，給評比優異者發一塊「好傢伙」的獎章，上面有公司老總的親筆簽名。員工每獲得五塊「好傢伙」的獎章，就可以得到一個更高的獎勵——晉升和加薪。

「好傢伙」這個獎章名稱不僅顯得親切，而且略帶幽默感，它代表著公司對自己工作的認可和肯定。事實上，這家公司不僅普通員工渴望獲得「好傢伙」的獎章，就是高級管理層也同樣熱衷於獲得「好傢伙」的獎章。因此，每位員工都努力工作，奮力爭先，以求得到該獎章。

一位新晉升的公司副總裁在佈置他的辦公室時，鄭重其事地將他的第五枚「好傢伙」獎章釘在牆上，看到下屬，他有點不好意思地說：

「看慣了『好傢伙』，不掛起來就感覺挺不自在！」

著名管理學家利昂・弗斯廷格認為，追求成功和滿足是人的一種本能，但是人們通常不是用絕對標準來衡量自己的成績，而是想方設法、竭盡全力去和別人進行比較。所以說，鼓勵內部競爭會給員工帶來壓力，進而產生激勵作用，使員工更加積極努力。

危機激勵法

企業管理者要告訴員工，企業已經取得的成績都只是暫時的，而且已經成為歷史，在競爭激烈的市場大潮中，企業隨時都有被淘汰出局的危險，要想避免這種命運，方法只有一個，那就是全體員工齊心協力，努力工作。——哈佛箴言

公司的老闆或管理者應該明白一個道理，那就是不要以為給員工多發獎金就能調動員工的積極性。因為人是很複雜的，想讓他們為公司賣命地工作，管理者就需要施展更細微的激勵手段，這樣才可以讓下屬的需求獲得充分滿足，同時又能激發他們的工作熱情，提高工作效率。

威羅比・馬柯米克先生是個獨裁經營者，而且是同行中的精英。但是在他的管理之下，他一手創辦的世界著名香料公司——馬柯米克公司，公司即將走到了倒閉的邊緣：除非裁員百分之十，否則公司無法實現收支平衡。禍不單行的是，就在這個時候，威羅比先生突然撒手人寰。

馬柯米克的侄子查理斯・馬柯米克先生臨危受命，出任公司的董事長。剛開始，他召集全體員工開會，非常誠懇地說：「從今天開始，所有員工的工資增加百分之十，工作時間縮短。我們公司的命運完全擔負在諸位的雙肩上了，希望大家努力工作，力挽狂瀾，拯救自己的公司。」

全體員工簡直不敢相信自己的耳朵，一個個呆若木雞，百思不得其解。因為危機就在眼前，在當時的惡劣情況下，將每個員工的薪水減掉百分之十都沒辦法幫助公司度過難關，誰會想到新上任的董事長查理斯先生卻給大家加薪百分之十呢？而且還大大縮短了工作時間。

很快員工們就明白了，查理斯先生的做法是為了表示他對全體員工的依賴，這使公司上下士氣高漲。結果在短短的一年時間裡，馬柯米克公司走出了虧損的困境。

作為公司的老闆，在公司出現較大的困難時，很多老闆在悲觀失望中的思維定勢是裁員減薪，殊不知這樣做雖然能暫時減輕企業的壓力，但也極大地傷害了員工原本脆弱的心理。當員工人人自危的時候，誰還有心思去專注地對待工作呢？

事實證明，當企業出現危機、陷入困境的時候，裁員減薪並不是必然的選擇，查理斯•馬柯米克先生的智慧在於，在危機面前，他反其道而行之，設法激勵員工的士氣，以期產生上下一心、同舟共濟的效果。對公司來說，用百分之十的額外薪資成本換來了一筆無形的資產——企業的凝聚力、士氣，這是無法用金錢衡量的。這與裁員減薪相比，孰優孰劣，不言而明。

那麼，企業管理者如何有效地運用危機激勵法激勵員工呢？

向員工灌輸企業前途危機意識

企業管理者要告訴員工，企業已經取得的成績都只是暫時的，而且已經成為歷史，在競爭激烈的市場大潮中，企業隨時都有被淘汰出局的危險，要想避免這種命運，方法只有一個，那就是全體員工齊心協力，努力工作。唯有如此，才能使企業更加強大，永遠立於不敗之地。

向員工灌輸他們的個人前途危機

企業的危機和員工的個人危機緊緊連在一起，因此，所有員工都要樹立「人人自危」的危機意識，無論是企業管理者還是普通員工，都應該時刻具有危機感。管理者要讓員工明白「今天工作不努力，明天就得努力找工作」的道理。員工一旦在這方面達成了共識，自然就會主動營造出一種積極向上的工作氛圍。

向員工灌輸企業的產品危機

企業管理者要讓員工明白這樣一個道理：能夠生產同樣產品的企業比比皆是，要想讓消費者對本企業的產品「一見鍾情」「情有獨鍾」，就必須使產品有自己的特色。所謂特色，就是可以提供給消費者別人無法提供的特殊價值，即：「人無我有，人有我優，人優我特。」

危機激勵不可隨便亂用

對企業來說，危機激勵就像一顆炸彈一樣，雖然威力無比，卻不可以盲目地投擲，對員工狂轟濫炸。否則，不但不能開發員工的潛能，還有可能將他們「逼入死角」。也就是說，雖然危機可以激發員工工作的積極性，但並不是所有員工都願意面對這種危機。尤其是對能力較差的員工而言，危機就像一朵「帶刺的玫瑰」一樣，誘人卻不可觸及。危機會使員工感到自己的無助和無能。可想而知，當危機到來時，他們一定是企業裡心情最糟糕的人。因此，作為管理者，不能隨便使用危機激勵法，而應該因人而異，區別對待。

如何正確啟動共同願景

共同願景最簡單的說法是：「我們想要創造什麼？」共同願景是人們心中或腦海中所持有的意象或景象，共同願景也是組織中人們所共同持有的意象或景象，它創造出眾人是一體的感覺，並遍佈到組織全面的活動，而使各種不同的活動融匯起來。——哈佛箴言

如果你我在心中持有相同的願景，彼此卻不曾真誠地分享過時方的願景，這並不算共同願景。當人們真正有共同願景時，這個共同的願望會緊緊將他們結合起來。個人願景的力量源自個人實現願景的深度關切，而共同願景的力量是源自共同的關切。事實上，我們逐漸相信，人們尋求建立共同願景的理由之一，就是他們內心渴望能夠歸屬於一項重要的任務、事業或使命。

共同願景對企業是至關重要的，因為它為學習提供了焦點與能量。在缺少願景的情形下，充其量只會產生「適應型的企業」，只有當人們致力於實現某種他們深深關切的事情時，才會產生「創造型的企業」。事實上，除非人們對他們真正想要實現的願景感到振奮，否則整個創造型企業的概念——擴展自我創造的能力——將顯得抽象而毫無意義。

今天，「願景」對公司領導而言，是個熟悉的概念。然而，只要你小心地觀察，你會發現大部分的願景是一個人（或一個群體）強加諸組織上的。這樣的願景，頂多博得服從而已，不是真心的追求。共同願景是團體中成員都真心追求的願景。

第一，願景首先要形象化

領導者提供的願景不能是抽象的。當你向員工描述的時候，首先一定要形象化。要成為一流的企業，所謂的一流是什麼樣的，用形象的描述來展現願景。

要發展，總要有個具體的圖景，不能僅僅說我們未來要成為優秀的公司，要成為卓越的公司。優秀和卓越是什麼樣子？總得有個形象的說法吧？比如，我們在未來將成為這個行業的第一，這周邊的我們的廠房是什麼樣子的，我們的辦公室是什麼樣子的，我們每個人是什麼樣子的，這個形象大家一下都記住了。具象化的東西最容易讓人記住吧。

第二，願景要實現故事化

領導者要學會用故事來描述願景，不僅用語言描述，而是繪聲繪色的故事，比爾・蓋茲在向員工描述未來的時候說：「我的願景是讓地球上每個家庭都擁有自己的電腦，而且使用這個電腦非常方便。」這就是他的願景。有人說，凡是優秀的領導者都是故事大王，都是會給人講故事的。

蘋果公司創始人賈伯斯就是個很會講故事的人，他推出新產品時說，我的願景是讓互聯網裝到你的口袋裡，隨時拿出來就能用。

我們知道，現在蘋果的手機功能非常強大，真的可以將互聯網放到口袋裡。賈伯斯說得很形象。他沒有說讓互聯網遍及每個家庭，或者是人人擁有互聯網，而是讓互聯網裝到你的口袋裡，並通過一部手機一樣的東西呈現出來，很生動，很具象化。

第三，願景要有感染性

感染性就是共鳴。比如，一個人向你描述了半天他們公司要成為世界最大的公司，他們要蓋世界上最高的樓，但這對你卻沒有絲毫的感染性——是啊，這跟你有什麼關係呢？

所以，願景一定要跟聽到的人有關係，這是最關鍵的。這樣才有感染性，如果你說的事情跟聽到的人沒關係，顯然就不存在什麼感染性了。

第四，願景要不斷地重複

領導者要學會不斷地重複願景，因為它會隨著時間推移而逐漸消退，所以不能講一遍就完了，那樣誰都記不住。如果講兩遍還記不住，那就講三遍、四遍，講到肯定記住了為止。

當領導者不再重複自己的願景時，人們就會覺得領導者不是很認真，覺得你好像不是出於真心。只有你不斷地重複自己的願景，才能證明你是真心地希望實現，使願景真正能融入人們的血液中，落實到人們的行動裡，成為人們內心深處的航標。

第五，願景要實現制度化

既然是組織的願景，領導者就一定要把它制度化，讓它變成企業戰略的一部分，企業文化的核心。只有願景置於制度裡，大家才覺得領導者不是開玩笑，大家才會認真對待它。

願景在剛開始提出的時候，只是一些故事，是一個集體的奮鬥目標。領導者只有把這些故事放在戰略和文化規範裡，把它分解成各種各樣的目標，並認真執行的時候，願景才可能真正實現。

第六，階段性目標要持續實現

領導者提出一個願景，如果目標很遠大，階段性目標長期實現不了，人們就會產生挫折感。在企業裡面，大願景應該有階段性。一段時間內要實現什麼樣的具體目標，這樣就逐漸逼近了願景，並最終實現更大的目標。所以，願景一定要有階段性，階段性目標不斷實現，讓大家有不斷實現目標的感受，最終願景才有可能實現。

一個優秀的願景應該包含以下特點。

*每一個企業的願景都具有不可複製的獨特性。

*企業的願景是崇高而偉大的，必須符合人類的根本利益。

*企業願景是持久的。

*企業願景與團隊成員的個人目標必須具有普遍的一致性。

*企業願景具有前瞻性和理想主義色彩。

適當地運用斥責的方式

就像一個孩子要有慈母還要有嚴父才能健康成長一樣，單有慈母是他成長道路上的一個缺陷，甚至有可能導致其誤入歧途。——哈佛箴言

在管人理事中，人們一直提倡溫和管理，主要領導要具有親和力，如此才能得到下屬的認可和熱愛，尤其是在下屬犯了錯誤的時候，要耐心開導而不是批評指責。但是一味的溫和、過分的耐心也許並不是一件好事。

在企業管理中，領導可以適當地運用斥責的方式鞭策個別下屬的進步。

松下幸之助認為，下屬身上最寶貴的莫過於他們的責任心和羞恥心。

在企業經營中，為了調動下屬的積極性，也可以適當地運用斥責的方式激

勵下屬做出更好的成績。他經常運用斥責來教導部屬。他認為，有斥責才有進步，領導關心員工就要學會運用責罵這一手段。

吉諾鮑洛奇脾氣暴躁，他發脾氣時，毫無顧忌，直截了當，有什麼說什麼。他很有能力，精力充沛，智慧過人，對下屬的工作十分挑剔。一旦下屬沒有把事情辦好，他就會對其橫加指責。

一次鮑洛奇到一個即將開工的新工廠去檢查工作。這時，離預定的開工時間還有三個星期，如果不能按時開工，將會給公司帶來巨大的、無法彌補的損失。

然而來到新廠的鮑洛奇竟怒不可遏，原來由於時間緊、任務重，鮑洛奇派到這家即將開工的新廠裡工作的下屬都是他的得力幹將。但他看到下屬個個一副狼狽不堪的樣子——滿臉疲憊、渾身是泥，頓時怒從心頭起，更令他無法忍受的是新工廠還沒有裝好電燈，只有一個臨時替用的電燈泡。

鮑洛奇火冒三丈，厲聲斥罵：「你們一個個無精打采，是工作的樣子嗎？像你們這樣的進度，公司不毀在你們的手上才怪呢！」

斥責完後，他一走了之。受到斥責的下屬，自尊心頗受打擊，他們更加倍努力，夜以繼日地拼命幹，力爭按期完成任務，贏得可貴的自尊。

在他的斥責下，下屬能夠奮發向上、互相鞭策，因而公司發展迅速，很快就由一個家庭式小作坊成為一家擁有億元鉅資的大公司。

那麼，對哪些員工可以使用斥責的技巧呢？

（1）有能力卻不思進取的人

有些下屬精力充沛、沒有壓力、不思進取，很容易滿足現狀，對於這種人，你就應該給他潑潑冷水，適當的指責，並且把一些重要的工作交給他。這時你可以這樣對他說：「小李，這項工作職能交給你了，我知道你平時工作記錄不是很出色，但我希望你能盡心盡力地完成它。」聽完這話後，小李肯定會有種不舒服感，甚至會有不服氣的感覺，他會把怒氣轉化到工作中，全心全力地去工作。

（2）足夠自信的人

因為只有自信的人在受到斥責的時候，才不會變得畏首畏腳、更加不敢往前走。有些下屬雖然很有才華，但是有些自卑感，總怕自己幹不好，這時你若斥責他、狠狠打擊他，會讓他更加懷疑自己的能力。所以，對這種下屬你採取行動時不要太魯莽，要講點方式方法。

（3）心理承受能力好的人

有的下屬的心理承受能力較差，自尊心很強，如果遭遇到了你的斥罵，他會認為自己很沒有臉面工作了，一怒之下就會選擇辭職，或者一蹶不振，那結果就適得其反了。所以，領導在斥責的時候，一定要考慮對方是不是一個心理承受能力好的人，不要輕易斥責。

（4）心態較好的人

責備的用意是希望指正對方某種方面的過失，而不是全面否定對方的人格。可是我們也知道，如果下屬的心態不夠好，就很容易把你的斥責當作是全盤否定，一旦出現這種情況，就適得其反了。所以，領導在責備指正下屬時，除了要讓下屬明白你到底在做什麼，還要考察對方的心態是否端正。如果不端正，則應該適可而止。

發火不宜把話說過頭，不能把事做絕

日常發火，不論多麼高明總是要傷人的，只是傷人有輕有重而已。因此，發火傷人後，需要及時地善後處理，因為人與人之間，不論地位尊卑，人格都是平等的。——哈佛箴言

無論以前還是當今，為人下屬容易產生這樣的心理：自己犯了錯，不願承認，不願認輸，努力保全面子，一旦受到領導懲罰，使其在眾人面前臉面丟盡，那麼這時便會對領導人記恨在心，甚至拿出「寧為玉碎，不為瓦全」的氣概跟領導鬥個天翻地覆。

一旦這種現象發生，不但下屬心理畸變，無心工作，擾亂正常秩序，而且容易形成內部紛爭，禍起蕭牆，離心離德，從整體上削弱集體的競爭力。

領導者要想不招下屬的怨恨，首先就不要讓下屬積怨。

諸葛亮是嚴罰而不招恨的典範。他揮淚斬馬謖，馬謖在頭顱落地那一刻還在感激丞相沒有把他滿門抄斬，而答應善撫他妻兒的恩情。

諸葛亮治理蜀國時不用嚴刑峻法，不縱容奸小，而是堅持公心執法，讓受罰者心服口服。

史稱諸葛亮執法甚嚴，參謀法正看不過去便忠告說：「以前漢高祖攻陷秦都咸陽時，公佈《法三章》，受到苦於暴政的百姓歡迎。丞相何不也放寬法律，因應老百姓的期待？」

諸葛亮回答說：「你只知其一，不知其二，秦朝老百姓苦於無道的暴政，所以高祖放寬法律才受到老百姓的歡迎，得到天下。但蜀之前主劉璋既不施恩惠也不科刑罰，施行極其優柔寡斷、見風使舵的政治。我為了改善這種混亂的風氣，所以採用嚴法，有功的人就賞，有罪的人就罰。治世要用大德，不能施小惠。劉璋每年都頒佈大赦令，但老百姓不會珍惜，所以政治一塌糊塗。」

有人評價諸葛亮嚴罰而不招怨恨時說：「只要立功，無論身分多麼卑微，諸葛亮必賞之；如果犯罪，無論地位多麼高，諸葛亮必罰之，絕對沒有私心，正是這一點能夠凝聚人心，促進團結。」

治理時不在乎你嚴不嚴，而在乎你公不公。武侯祠前的對聯說得好：「能攻心，則反側自消，自古知兵非好戰；不審勢，則寬嚴皆誤，後來治蜀要深思。」

上下級之間的感情交流，不怕波浪起伏，最忌平淡無味。有經驗的領導者在這個問題上，既敢於發火震怒，又有善後的本領；既能狂風暴雨，又能和風細雨。

在平時工作中，適度適時地發火是必要的，特別是原則問題或在公開場合碰了釘子時，或對有過錯的人幫助教育無效時，必須以發火壓住對方。當領導人確實是為下屬著想，而下屬又固執不從時，領導發多大火，下屬也會理解的。

但是，發火不宜把話說過頭，不能把事做絕，那樣的話就起不到說服的目的了。而應注意留下感情補償的餘地。領導人話一出口，一言九鼎，在大庭廣眾之下，一言既出，駟馬難追，而一旦把話說過頭，則事後騎虎難下，難以收場。所以，發火不應當眾揭短，傷人之心，導致事後費許多力也難挽回。

發火應當虛實相間。對當眾說服不了或不便當眾勸導的人，不妨對他大動肝火，這既能防止和制止其錯誤行為，又能顯示出領導人具有威懾性的力量。但對有些人則不宜真動肝火，而應以半開玩笑、半訓斥的方式去進行。使對方不能翻臉又不敢輕視，內心有所顧慮——假如領導認真起來怎麼辦？

另外，發火時要注意樹立一種被人理解的「熱心」形象，要大事認真，小事隨和，輕易不發火，發火就叫人服氣，長此以往，領導者才能在下屬中樹立起令人敬畏的形象。日常觀察可見，令人服氣的發火總是和熱誠地關心幫助聯繫在一起的，領導者應在下屬中形成雖然脾氣不好，但熱心腸的形象。

日常發火，不論多麼高明總是要傷人的，只是傷人有輕有重而已。因此，發火傷人後，需要及時地善後處理，因為人與人之間，不論地位尊卑，人格都是平等的。妥當地善後要選時機，看火候，過早了對方火氣正旺，效果不佳；過晚則對方積憤已久不好解決。因此，以選擇對方略為消氣，情緒開始恢復的時候為佳。

正確的善後，要視不同的對象採用不同的方法，有的人性格大大咧咧，領導發火他也不會放在心裡，故善後工作只需三言兩語，象徵性地表示就能解決問題。有的人心細明理，領導發火他能理解，也不需花大功夫去善後。而有的人則死要面子，對領導向他發火會耿耿於懷，甚至刻骨銘心，此時則需善後工作細緻而誠懇。對這種人要好言安撫，並在以後尋機通過表揚等方式予以彌補。還有人量小氣盛，則不妨使善後拖延進行，以天長日久見人心的功夫去逐漸感化他。

比物質更有效的精神激勵

在任何競技比賽中，每個人都想贏，那是一種強大的內在動機。做任何事業工作時，每個人都想成功，那是一股強烈的內心意願。——哈佛箴言

一直以來，激勵是管理範疇的一個熱門話題。德魯克認為：管理就是界定企業的使命，並激勵和組織人力資源去完成。有的管理者認為，「管理就是激勵」。

沒有人甘心落後，沒有人願意失敗，為了比周圍的人更出色，為了讓周圍的人能認可，捨得付出辛勞，可以加倍努力，這本身就是一種需求，對成就感的需求，而不僅僅是為了錢。馬斯洛的需求理論認為，人的最高需求是實現個人價值。心理學家赫茲伯格說，錢只是保健因子，而不是激勵因子。

那麼，比錢更重要更有效的員工激勵有哪些呢？

第一、開誠佈公的溝通。

第二、與員工分享福利。

第三、讓員工參與公司決策。

第四、讓員工為其表現負責。

第 9 課
慎言的場合：話到嘴邊繞三圈

一個人如果不懂得駕馭自己的語言，信口胡來、口無遮攔，這些語言中透露出的情緒，就會令自己的風度盡失。

到什麼山，唱什麼歌

一個人如果不懂得駕馭自己的語言，信口胡來、口無遮攔，自以為洋洋灑灑。其實在不經意中，這些語言中透露出的情緒，就會令自己的風度盡失。——哈佛箴言

誰都知道人際關係對自己是多麼的重要，說話高手懂得通過語言打造自己的人際關係。反之，一句話的不慎也會損壞甚至摧毀一些人際關係。說話者的語言稍有不慎，就會讓對方感到不愉快。說者無心，聽者有意，不加注意自己的措辭、傷害對方感情與尊嚴的例子舉不勝舉。不僅是對上司、同事不能如此，即便是自己的愛人、孩子或親密朋友，自己的出言不慎也會傷害自己與它們之間的感情。

信口開河，覆水難收

哈佛箴言

在與人聊天中，你若不知事情所包含的內幕，就不要信口開河。——

在和別人交談時，聽別人說了一半的話，便開始發表自己的見解，殊不知，你聽到的只是上文，下文才是對方真正要表達的意思。

或者，在某些場合，你口無遮攔地說了一大堆別人的不是，沒想在場的人中，正好也有相似的缺點，在你滔滔不絕地對此大加發表你的看法的時候，別人其實早已對你不滿，甚至對你惡語反擊。

還有些人，喜歡把聽來的小道消息添油加醋地到處宣揚，雖然你並沒有惡意，可是在你不經意中給別人造成了極大的傷害。這個時候，你再想挽回，已經為時太晚，你因此而失去別人的信任和友誼。

在不瞭解情況的時候，千萬不要信口開河、搬弄是非。說不準聽你說話的人，就是你要貶低的對象，如果這個人又是你即將合作的客戶，或者你的領導的某位親戚，那麼你無意間為你的事業設置了一個障礙。

與初次見面或不是十分熟識的朋友接觸時，談話的內容一定要加以甄選，不能口不擇言、隨便說話。必要時要保持沉默。一旦因為對對方不瞭解而觸犯了人家的忌諱，或者言者無心得罪了別人，就會造成難以挽回的結果。

語言是人類交往的工具，我們依賴語言這個工具相互溝通，表達我們的情感，但它同時也是誤會和爭吵的開始。

一天之中，你的每一句話不可能都是經過思索才說出口的，對那些與你關係不大的人，亂開幾句玩笑，隨便說點笑話，可能不會產生什麼嚴重的「後果」，可假若對方是你的愛人、你的上司、你的客戶，一切都不同了。任何不經大腦而「隨便說說」的話，都有可能給你的家庭或者事業帶來障礙。

不揭他人之短，不探他人之秘

無論一個人的出身、地位、權勢、風度多麼傲人，都有不能被別人言及、不能冒犯的角落。——哈佛箴言

「逆鱗」一說可能許多人並不太瞭解。逆鱗就是龍喉下直徑一尺的地方，傳說中龍的身上只有這一處的鱗是倒長的，無論是誰觸摸到這一位置，都會被激怒的龍殺掉。

人也是如此，無論一個人的出身、地位、權勢、風度多麼傲人，都有不能被別人言及、不能冒犯的角落，這個角落就是人的「逆鱗」。

因為人人都有各自不同的成長經歷，都有自己的缺陷、弱點，也許是生理上的，也許是隱藏在內心深處不堪回首的經歷，這些都是他們不願提及的傷疤，是他

們在社交場合極力隱藏和回避的問題。被擊中痛處，對任何人來說，都不是一件令人愉快的事。無論是對什麼人，只要你觸及了他這塊傷疤，他都會採取一定的方法進行反擊，從而獲求一種心理上的平衡。

揭短，有時是故意的，那是互相敵視的雙方用來攻擊對方的武器。揭短，有時又是無意的，那是因為某種原因一不小心犯了對方的忌諱。但是總體來說，有心也好，無意也罷，在待人處世中揭人之短都會傷害對方的自尊，輕則影響雙方的感情，重則導致人際關係緊張。

通常情況下，人在吵架時最容易暴露其缺點。無論是挑起事端的一方還是另一方，都是因為看到了對方的缺點並產生了敵意，敵意的表露使雙方關係惡化，進而發生爭吵。爭吵中，雙方在眾人面前互相揭短，使各自的缺點都暴露在大庭廣眾之下，無論對哪一方來說都是不小的損失。

《菜根譚》中有句話：「不揭他人之短，不探他人之秘，不思他人之舊過，則可以此養德疏害。」做大事的人，他不會冒冒失失地挑起爭端，反而會做好表面文章，讓對方覺得你對他是富有好感，凡事為他著想的。

任何一個人都是可以成為敵人也可成為朋友的，而多一些朋友總比四面樹敵要好。**把潛在的對手轉化為自己的朋友，這才是最好的辦法。**

打人不打臉，罵人不揭短。言論自由的現代社會，人們一樣也有忌諱心理，有自己與人交往所不能提及的「禁區」。在辦公室中，尤其是那種當面揭短的話更是不能說，這樣不但會使同事之間的關係惡化，還可能造成更為嚴重的後果。

但事實是，有些人認識到揭短的害處，甚至會奉勸自己的朋友，自己卻在行為上不能克制。只能提醒別人而不能提醒自己，這同樣是很危險的。

提醒自己給別人留點餘地、給別人留點尊嚴。每個人都有不足的地方，容許別人的不足，也是對自己的寬恕，因為世界上沒有完人，包括自己。

永遠別説「你錯了」

當我們犯了錯誤時，並非意識不到犯了錯誤，只是頑固地不肯承認而已。所以，當你對一個人説「你錯了」時，必然撞在他固執的牆上。——哈佛箴言

沒有幾個人具有邏輯性思考的能力。多數人都具有武斷、固執、嫉妒、猜忌、恐懼和傲慢等缺點，所以人的自身很難向別人承認自己錯了。

一個人説錯話或者做錯事，總是有原因的，所以即使明知自己錯了，也會強調客觀原因，認為錯得有理。

當人們不願承認自己錯了的時候，完全是情緒作用，跟事情本身已經沒有關係。當我們錯的時候，也許會對自己承認。如果對方處理得很巧妙而且和善可親，

我們也會對別人承認，甚至以自己的坦白、直率而自豪。但如果有人想把難以下嚥的事實硬塞進我們的「食道」，那我們是決不肯接受的。既然我們自己是這種習性，那麼就可以理解別人也具有同樣的習性，因此不要把所謂「正確」硬塞給他。

有一位汽車代理商，在處理顧客的抱怨時，常常冷酷無情，決不肯承認是自己這方面的錯誤，總想證明問題的根源是顧客在某些方面犯了錯誤。結果，他每天陷於爭吵和官司糾紛中，心情一天比一天壞，生意也大不如以前。

後來，他改變了處理客戶抱怨的辦法。當顧客投訴時，他首先說：「我們確實犯了不少錯誤，真是不好意思。關於你的車子，我們有什麼做得不合理的地方，請你告訴我。」

這個辦法很快使顧客解除武裝，由情緒對抗變成理智協商，於是事情就容易解決了。如此一來，這位代理商就能輕鬆地處理每一件事情，生意也越來越好。

當我們說對方錯了的時候，他的反應常讓我們頭疼，而當我們承認自己也許錯了時，就會減少有這樣的麻煩。這樣做，不但會避免爭執，而且可以使對方跟你一樣地寬宏大度，承認他也可能弄錯。

正如羅賓森教授在他的《下決心的過程》中所說：

「我們有時會在毫無抗拒或熱情淹沒的情形下改變自己的想法，但是如果有人說我們錯了，反而會使我們遷怒對方，更固執己見。我們會毫無根據地形成自己的想法，但如果有人不同意我們的想法時，反而會全心全意維護我們的想法。顯然不是那些想法對我們珍貴，而是我們的自尊心受到了威脅……『我的』這個簡單的詞，是做人處世的關係中最重要的，妥善運用這兩個字才是智慧之源。不論說『我的』晚餐，『我的』狗，『我的』房子，『我的』父親，『我的』國家或『我的』上帝，都具備相同的力量。我們不但不喜歡說我的表不準，或我的車太破舊，也討厭別人糾正我們對火車的知識……我們願意繼續相信以往慣於相信的事，而如果我們所相信的事遭到了懷疑，我們就會找藉口為自己的信念辯護。結果呢，多數我們所謂的推理，變成找藉口來繼續相信我們早已相信的事物。」

不要對別人的錯誤過於敏感，不要執著於所謂正確的意見，不要輕易刺激任何人。如果你要使別人認同你，應當牢記的一句話就是：「尊重別人的意見，永遠別說『你錯了』。」

與其言而無信，不如別向人承諾

當你無法兌現諾言時，不僅得不到朋友的信任，還會失去更多的朋友。——哈佛箴言

「君子一言，駟馬難追」講的是做人信用度。一個不講信用的人，是為人所不齒的。現在的生意場上，公司、企業做廣告做宣傳，樹立公司、企業在公眾中的形象，就是想提高公司、企業的信用度。信用度高了，人們才會相信你，和你有來往，成交生意，你辦事才會容易成功。

人無信不立。信用是個人的品牌，是辦事的無形資本。有形資本失去了還可以重新獲得，而無形資本失去了就很難重新獲得了。辦事再困難也不能透支無形資本。

諸葛亮有一次與司馬懿交鋒，雙方僵持數天，司馬懿就是死守陣地，不肯向蜀軍發動進攻。諸葛亮為安全起見，派大將姜維、馬岱把守險要關口，以防魏軍突襲。

這天，長史楊儀到帳中稟報諸葛亮說：「丞相上次規定士兵一百天一換班，今已到期，不知是否……」

諸葛亮說：「當然，依規定行事，交班。」眾士兵聽到消息立即收拾行李，準備離開軍營。忽然探子報魏軍已殺到城下，蜀兵一時慌亂起來。楊儀說：「魏軍來勢兇猛，丞相是否把要換班的四萬軍兵留下，以退敵急用。」

諸葛亮擺手說：「不可。我們行軍打仗，以信為本，讓那些換班的士兵離開營房吧。」

眾士兵聞言感動不已，紛紛大喊：「丞相如此愛護我們，我們無以報答丞相，絕不離開丞相一步。」蜀兵人人振奮，群情激昂，奮勇殺敵，魏軍一路潰散，敗陣下來。

諸葛亮向來恪守原則，換班的日期來到，毫不猶豫地交班，即使是司馬懿來攻城也不違反原則。

顧炎武曾以詩言志：「生來一諾比黃金，那肯風塵負此心」，表達自己堅守信用的態度。言必信，行必果，不但是對人的尊重，更是對己的尊重。

當朋友託我們給他辦事時，我們能提供幫助是在情理之中。但是，辦事要量力而行，不要做「言過其實」的許諾。因為，諾言能否兌現除了個人努力的問題，還有一個客觀條件的因素。平時可以辦到的事，由於客觀環境變化了，一時又辦不到，這種情形是常有的事。因此就需要我們在朋友面前不要輕率地許諾，更不能明知辦不到的事還打腫臉充胖子，在朋友面前逞能，許下「寡信」的「輕諾」。

當你無法兌現諾言時，不僅得不到朋友的信任，還會失去更多的朋友。

有些人是不好意思拒絕別人而向他人承諾，而有些人則喜歡胡亂吹噓自己的能力，隨隨便便向別人誇下海口，承諾自己根本辦不到的事情。結果不但事情沒有辦成，自己的人緣也搞臭了。

所以，不要輕易向人承諾，不輕易向人許諾你可能辦不到的事——這是不失信於人的最好方法。要獲得守信的形象並不容易，最重要的一條是：別答應你無法兌現的事。這不僅是一個主觀上願不願意守信的問題，也是一個有無能力兌現的問題。一個人經常答應自己無力完成的事，當然會使別人一次又一次失望。

一個商人臨死前告誡自己的兒子：「你要想在生意上成功，一定要記住兩點：守信和聰明。」

「那麼什麼叫守信呢？」兒子焦急地問。

「如果你與別人簽訂了一份合同，而簽字之後你才發現你將因為這份合同而傾家蕩產，那麼你也得照約履行。」

「那麼什麼叫聰明呢？」

「不要簽訂這份合同。」

將守信理解為一種品德，較難堅持。將它理解為一種回報率很高的長期投資，則比較容易變成一種自覺的行動。當你獲得了一個守信用的形象時，會獲得越來越多人的信任，因而帶來越來越多的機會。這就好似擁有了一座金礦。反之，缺此一條，別的方面再優秀也難成大器。

多加個「請」字，你絕對不吃虧

俗話說：「會說話的人說得人笑，不會說話的人說得人跳。」事實上也是如此。——哈佛箴言

人人都喜歡被人尊重，人人都希望自己是別人的老師。那麼在社交場上，在雙方交流的時候，不妨用請教的態度和人說話，這無疑會增加對方對你的好感。

請教的潛在含義，首先是尊重別人，然後才是需要得到別人的幫助。這在對方來說，有一種優越感，即使是對你有敵意的人，只要你用請教的姿態，他也會放下敵對情緒來幫助你。請教，不僅是一個學習的過程，其實，更是一種社交的能力。

一個人，要想在社交方面有所建樹，那麼就該努力的把握好社交的技巧。

很多人都有這樣的體會，在學校裡，當低年級的同學向你請教的時候，無論你

是多麼的忙，或是自己根本不知道如何作答，你都會很耐心，甚至不懂裝懂地去應對，內心還常帶一絲驕傲。當你幫助別人解決了某個問題的時候，你會從中得到很大的快樂。因為別人向你請教，說明你在某方面具有優勢，你受到了別人的重視，你比別人強！

的確如此！不妨你把平時與人說話的態度改變一下，試試帶來的效果。

如果你要說的話是：「你告訴我這到底怎麼處理好？」「幫我一個忙吧！」試著改成：「你可以幫我一個忙嗎？」「有個問題，我想請教你一下……」「請教你一個問題可以嗎？」

你可以斟酌一下兩種態度將要產生的不同效果。前者雖然說起來很隨意，但說得不好，就會形成一種命令式的口吻；而後者就謙虛多了，先把自己放在一個較低的位置，然後向對方請教。而且當你說「有個問題，我想請教你一下……」「有個忙，不知道你能不能幫幫我」的時候，還有一個特別的好處，就是能勾起對方的好奇心，他會想知道「這究竟是個什麼問題呢？」

同樣的問題，只要你改變一種方式和態度，就讓人聽著舒服多了。這就是中國語言的魅力。因此，在社交活動中，你可以把一句話變著法兒說，最後接受到的回饋就會高低不一。

請教是表示虛心，表示謙遜，同時也是表示尊重對方的意思。孔子云：「三人行，必有我師焉。」在孔子的眼中，且可以「有世人皆有我所取之物」，何況我們。我們應保持一顆謙遜的心，真誠地向對方請教。

當然，在具體請教的時候，還有些要注意的方面。首先，態度要誠懇，你既然是把對方當作「老師」、「專家」，那麼就要從心理上表示這樣的態度，不要一面說著請教對方，一面又不把對方當一回事。其次，請教別人之前，最好自己先動腦筋想一想，不要提起問題時不假思索，馬上就問。當你自己對問題有了一點瞭解後，別人再講，你容易接受；而且，如果你事先已想過如何去解決，別人就會覺得你認真，而願意幫你。

無論你面對的是怎樣的人，哪怕他平時什麼都不是，你這樣一請教，無意中激發了他的自信和滿足感，每個人都有希望突出自己的欲望，你正好滿足了他這樣的一個願望，因此，在你請教的同時，不但不會使他感到麻煩，更能博取他的歡心。

當然，社交場所如此，家庭也是如此，一個智慧的人，既能在社交中深得別人的敬重，也能很好地維持一個幸福家庭。你只要在這些方面下點功夫，也可以自然的遊走在社會和家庭之間。

要打動別人，必須先感動自己

會說話的人，不光肚子裡有淵博的知識，也會用真誠的語言、態度來折服別人，換來彼此的心靈相通、坦然以待。——哈佛箴言

真誠是一筆寶貴的財富，無論你與什麼樣的人接觸，如果你能出示自己內心的真誠，你就會在某些方面有所收穫，如果你在與對方交談時是認真而真誠的，你的語言也自然會體現魅力。

講話如果只追求外表漂亮，缺乏真摯的感情，開出的也只能是無果之花，雖然能欺騙別人的耳朵，卻永遠不能欺騙別人的心。無論你是與某個人交談，還是在公眾場合演講，只要真誠就能打動人心。如果我們在與人交流時能捧出一顆懇切至誠的心，一顆火熱滾燙的心，怎能不讓人感動？白居易曾說過：「動人心者莫先乎於

情。」熾熱真誠的情感能使「快者掀髯，憤者扼腕，悲者掩泣，羨者色飛」。

說話不是敲擊鑼鼓，而是敲擊人們的「心鈴」。如果一個人能用得體的語言表達她的真誠，就能很容易贏得對方的信任，與對方建立起信賴關係，對方也可能因此喜歡她說的話，並因此答應她提出的要求。能夠打動人心的話語，才可稱得上是「金口玉言」、「一字千金」。

說話是一個傳遞資訊的過程，要提高自己的說話水準，增添自己的語言魅力，並不僅僅在於說話者本人能否準確、流暢地表達自己的思想，還在於他所表達的思想、資訊能否為聽眾所接受並產生共鳴。也就是說，要將話說好，關鍵還在於如何撥動聽者的心弦。

在生活中，有些人長篇大論甚至慷慨陳詞，可就是難以提起聽者的精神；而有些人僅僅寥寥數語，卻擲地有聲，產生魔力，這是為何呢？很簡單，後者能瞭解人們的內心需要，能設身處地地站在對方的立場，為對方著想。因此她們的話總是充滿真誠，也更容易打動人心。

真誠的語言雖然是樸實無華的，卻是最感人的。因此，無論你是交朋友、和老闆談加薪、和客戶談生意，只要是發自內心地真誠地說話，就會讓你的成功率倍增。

第 10 課
傾聽的魅力：讓你決勝於無形

只有讓對方多說，瞭解他的機會才會越多。而越瞭解一個人，你就越能贏得他的好感，他就越願意與你打交道。

說得越多，瞭解別人的機會就越少

只有讓對方多說，瞭解他的機會才會越多。而越瞭解一個人，你就越能贏得他的好感，他就越願意與你打交道。——哈佛箴言

確實有許多能言會道的人，他們的嘴是身上最發達的器官，無論走到哪裡，嘴巴是身上最鋒利的武器。他們只想表達自己，卻很少有心情傾聽他人。雖然他們算得上一等一的話癆，和別人交流的機會也非常多，但他們並不瞭解別人，人緣一般。他們說得越多，瞭解別人的機會就越少。

紐約大學的社會學專家達尼爾格蘭做過這樣一個實驗：他把每三個女大學生分成一組，每一組由兩名同校女大學生和另外一名外校女大學生組成，讓她們進行十分鐘的交談。在這個談話過程中，因為三人中有兩人是同一所大學的，所以大

家談話的時候就會忽視另外一名。結果，正常對話的同校女大學生在交流中使用的重音占談話的百分之十一，而被忽視的那名外校女大學生的對話重音達到了百分之四十一。而且在這些被忽視的外校女大學生中，也就是重音使用頻繁百分之四十一的女大學生中，有一半人感到自己性格內向。

這個實驗說明，當兩個同校女生毫不顧忌地說話時，會奪走另一個外校女生的發言權，導致她因內心不舒服而出現說話聲音增大的現象，這表明她產生了一種消極的情緒。因此，從今以後，與人聊天的時，別只顧著自己說，也要問問別人：「你是怎麼認為的？」多聽別人說，引導別人多說，才是有效的溝通之道。

只有很好地傾聽別人，才能構建穩定的人際關係。凡是高明的談話者，都有著很好的傾聽素質。他們在聽別人說話的過程中，能夠體察別人的感情，體諒別人的難處，寬恕別人的錯誤，容忍別人的缺點；他們有耐心，能夠長時間地聽取別人零亂、不成熟，甚至是語無倫次的談話。

他們還擁有一顆謙虛的心，一顆吸收性強的學習心，他們能夠從別人的談話中找到要害，能夠用別人的思想來提升自己。由於具備這種素質，高明的談話者往往能深刻洞察別人的心思，他說出口的話也就能深入對方內心。

世界上不可能有「感同身受」這回事

不痛不癢地說：「我懂你的委屈。」不如感同身受地去傾聽對方，做一個好的聽眾。——哈佛箴言

一個人瞭解另一個人是很難的一件事，這就像我們在為自己的未來奮鬥，在憧憬著今年能拿到多少錢，過兩年投資點什麼，但我們很難分心去想遙遠的第三世界有人因缺水而皮包骨頭，也很難瞭解那些剛剛遭遇地震、颱風的人們，他們的心被怎樣的痛苦侵蝕。

不瞭解就不要這樣說，因為當事人向你傾訴的時候，需要你聽，也許他也很希望你能給他指出一條好的路子，但他並不需要一個人只是嘴上說懂他的痛苦，但實際上並沒有用心傾聽。

還有「我懂你的痛苦」這句話，並不是每次別人向你抱怨時都能應付過去，有時候甚至顯得不合時宜。不痛不癢地說「我懂你的委屈」，不如感同身受地去傾聽對方，做一個好的聽眾。

規則一：在聽對方說話的過程中，要始終**保持一種積極的態度**，這樣做會營造良好的交談氣氛。對方越能感受到你的傾聽興趣，他就越能準確表達自己的想法。相反，如果你在聽話的時候表現出消極態度，總是動不動就說「我知道」「我懂了」之類不耐煩的話，對方就會很傷心，進而也不想和你交談了。

規則二：**全身心注意傾聽**。別人同你說話的時候，你要面向說話者，同他保持目光的親密接觸，同時注意姿態和手勢，無論你是坐著還是站著，都要與對方要保持最適宜的距離。

規則三：**以相應的行動回答對方的問題**。對方與你交談是想得到某種可感的資訊，或者迫使你做某件事情使你改變觀點，或者渴望得到你的安慰理解等。這時，你要採取適當的行動，比如對方和你聊到他遇到工作瓶頸，如果有好的建議儘管告訴他，這本身就是對對方最好的回答方式。

規則四：傾聽的時候，**感同身受的對對方表示理解**。這包括理解對方的語言和情感，把自己假設為對方，站在對方的角度體會他的內心感情。

規則五：**不要不懂裝懂**，沒聽見裝作聽見，也別逃避交談的責任。作為一個傾聽者，不管在什麼情況下，如果你不明白對方說的是什麼意思，你就應該讓他知道你沒聽明白。永遠別不懂裝懂，那樣早晚會被人識破。

規則六：**要觀察對方的表情**。交談很多時候是通過非語言方式進行的，那麼，你不僅要認真聽，還要注意對方的表情變化。比如看對方的眼神、說話的語氣及音調和語速的變化等，同時還要注意對方站著或坐著時與你的距離，這有助於你更好地傾聽對方。

在傾聽對方說話的同時，還有幾個方面需要提醒你：

首先，**別提太多的問題**。問題提得太多，容易造成對方思維混亂，說話時注意力不集中。

其次，**不要在別人說話的時候神遊**。有的人聽別人說話時，習慣考慮與談話無關的事情，對方問他話的時候，他會不知所云，想不起對方剛才說了些什麼，這樣彼此交流就變得困難。

最後，**別匆忙下結論**。別人說話的時候，不管你是表示贊許還是反對，都不要急著說出來，不經過認真思考的判斷和評價，容易讓對方陷入防禦狀態，造成彼此間交際的隔閡。

最好不插嘴，即便插嘴也要講藝術

當你想插話時，請提醒自己耐心再耐心，至少聽完對方的話再發表觀點。——哈佛箴言

每個人都會有情不自禁地表達自己內心想法的衝動。當你看到你的朋友和另外不認識的人聊得起勁時，可能有參與進去的想法。但是如果在他人說話的時候，不顧當事人的感受，不分場合與時機，隨便插嘴搶話，這不僅擾亂了談話人的思路，還會引起對方的不快，有時甚至會產生不必要的誤會。

更糟的是，也許他們正商議某件非常重要的事情，因為你的加入，使他們無法集中思想談論下去。或許他們正在熱烈討論，苦苦思索解決一個難題，由於你的插話，他們思維卡殼，忘了剛才的話，導致一場失敗的討論。

隨便打斷別人說話或中途插話，不僅有失禮貌，而且往往在不經意之間就破壞了自己的關係網。要獲得好人緣，要想讓別人喜歡你，萬萬不可在別人說話時隨便插嘴。

當你想插話時，請提醒自己耐心再耐心，至少聽完對方的話再發表觀點。

心理學上有個名詞叫做「心理定勢」。即當一個人心裡有事或有想表達的話題時，他就會啟動其心理定勢準備講話，直到他把事情全部說完，他的心理定勢才會轉而傾聽別人的話語。所以，你要想讓別人傾聽你，首先必須做到不隨便打斷別人說話，也不隨便插話，學會耐心聽對方講話。這麼一來，對方會有一種你很注意聽他說話的感覺，認為你尊重他的意見，等他說完之後，他理所當然想聽聽你的想法。

如果你要發表觀點，最好能做到即便話語遭到反對，或某人要發牢騷時，也耐心地聽對方把話講完，並詢問對方是否還有別的什麼事情要說。這樣做就消除了對方的抵觸情緒，使他意識到你對他觀點的興趣。

如果實在是想插話，最好這樣做。

當對方擔心你對他的話題不感興趣，顯露出猶豫、為難的神情時，你可以趁機插入一兩句話，讓對方知道你在聽，並且喜歡他的談話。你可以說諸如「我對你說的話題十分感興趣」「你能談談那件事嗎？我想多瞭解一些。」「請你繼續說，很有意思。」一旦你向對方傳達一種「我願意聽你說話」的意思後，對方會更喜歡和你交談。

當對方在敘述中加入過多的主觀情感，甚至不能控制自己的情緒時，你可以用一兩句話來疏導，諸如「你一定很生氣」「你心情看起來很煩躁」「你心裡很難受吧」對方聽到你說這些話後可能會發洩一番，因為，這些話的目的就是鼓勵對方把心中那些不良情感「誘導」出來，當對方發洩一番後，會感到輕鬆、解脫，也更想繼續聊下去。

另外，根據不同對象可採取不同的方法，適當插話。

第一，當對方在同你談某事，因擔心你可能對此不感興趣，顯露出猶豫、為難的神情時，你可以趁機說一兩句安慰的話。

你能談談那件事嗎？我不是十分瞭解。

請你繼續說。

我對此也是十分有興趣的。

此時你說的話是為了表明一個意思：我很願意聽你的敘說，不論你說得怎樣，說的是什麼。這樣可以消除對方的猶豫，堅定他傾訴的信心。

第二，當對方由於心煩、憤怒等原因，在敘述中不能控制自己的感情時，你可用一兩句話來疏導。

你一定感到很氣憤。

你似乎有些心煩。

你心裡很難受嗎？

說這些話後，對方可能會發洩一番。因為，這些話的目的就是把對方心中鬱結的一股異常情感「誘導」出來，當對方發洩一番後，會感到輕鬆、解脫，從而能夠從容地完成對問題的敘述。

值得注意的是，說這些話時不要陷入盲目安慰的誤區。不應對他人的話作出判斷、評價，說一些諸如「你是對的」、「他不是這樣」一類的話。你的責任不過是順應對方的情緒，為他架設一條「輸導管」，而不應該「火上澆油」，強化他的抑鬱情緒。

第三，當對方在敘述時，急切地想讓你理解他的談話內容時，你可以用一兩句話來「綜述」對方話中的含意。

你是說……

你的意見是……

你想說的是這個意思吧……

這樣的綜述既能及時地驗證你對對方談話內容的理解程度，加深對其的印象，又能讓對方感到你的誠意，並能幫助你隨時糾正理解中的偏差。

以上三種傾聽中的談話方法都有一個共同的特點，即不對對方的談話內容發表判斷、評論，不對對方的情感做出是與否的表示，始終處於一種中性的態度上。切記，有時在非語言傳遞的資訊中你可以流露出你的立場，但在語言中切不可流露，這是最重要的。如果你試圖超越這個界限，就有陷入傾聽誤區的危險，從而使一場談話失去了方向和意義。

誰想要從另一方那裡得到更多的東西，誰就必須做到一點：多聽少說。誰說得越多，誰獲得的東西就越少。

在溝通中，讓對方說得越多，我們瞭解對方真正意圖的機會就越多。所謂知彼知己，百戰不殆。當你掌握的對方的情況，遠比對方知道的你的情況還要多，你自然就把握住了先機。

有時候沉默的確是金

沉默是一種無聲的語言，並不是所有的對話都持續狀態才有意義。——哈佛箴言

一般來說，一個人如果重複並且長時間聽一個話題，注意力就會逐漸分散，厭煩對方的談話，可能導致「你說你的，我走神你也不知道」的局面產生。這樣的對話看似在進行，實際上卻在受阻。因此，一旦遇到這種情況，突然的沉默就能發揮作用了。談話者可以突然沉默不語，這樣聽者自然就會把注意力轉移到你身上。

聽話者也可以利用突然沉默這一策略打斷對方的談話，引出自己想談的話題。這樣既能使談話的人反省，又不傷害他的自尊。比如在辦公室，你的一位同事已經告訴你好幾次他的一件事，你已經聽得耳朵起繭了。但作為同事，遇到這種情況，

你不能直接對他說：「你已經說了好多遍這件事了。」這樣做會傷害他的自尊。如果繼續聽下去，你的心情真的不太好。因此，當他滔滔不絕時，你不妨突然沉默不作任何回應，讓他自覺停止談話，然後你再趁機巧妙轉移話題。

突然沉默之所以能終止那些讓你感到厭煩的話題，是因為你的沉默讓對方感到意外，他會在心裡嘀咕：「為什麼這人一點反應都沒有？是在想別的，還是不想聽我的？」帶著這樣的疑問，對方不得不停下他喋喋不休的說辭，想辦法找些你喜歡的話題來說。

有時候沉默的確是金，更是一種傾聽的技巧與智慧。沉默在一定程度上甚至具有恭維效果。

有時候爭辯、搶奪別人的話讓人感覺得不到尊重，慢慢地將不會再向你傾訴。這並不能給你帶來什麼好處，而適當的沉默則是一種傾聽智慧，它在幫你贏得人緣的同時，也征服所有人的心。

聽聲辨人，聰明的耳朵能讀心

人在說話時，不是動物的怒吼，也不是一種本能的釋放，而是在進行一種思想交流，同時也是心理、感情和態度的流露，其中，語速的快慢、緩急能直接體現出說話人的心理狀態。——哈佛箴言

因此，仔細留意一個人說話時的語速，你就能夠掌握其心理狀態。

《紅樓夢》中「未見其人先聞其聲」的王熙鳳就是一個典型的研究對象。林黛玉初到賈府時，王熙鳳是這樣出場的：一語未了，只聽後院中有人笑聲，說：「我來遲了，不曾迎接遠客！」

黛玉納罕道：「這些人個個皆斂聲屏氣，恭肅嚴整如此，這來者是

誰，這樣放誕無禮？」心下想時，只見一群媳婦丫鬟圍擁著一個人從後房門進來。

這個人打扮與眾姑娘不同，彩繡輝煌，恍若神妃仙子：頭上戴著金絲八寶攢珠髻，綰著朝陽五鳳掛珠釵，項上戴著赤金盤螭瓔珞圈，裙邊系著豆綠宮條，雙衡比目玫瑰佩，身上穿著鏤金百蝶穿花大紅洋緞窄褃襖，外罩五彩緙絲石青銀鼠褂，下著翡翠撒花洋縐裙。一雙丹鳳三角眼，兩彎柳葉吊梢眉，身量苗條，體格風騷，粉面含春威不露，丹唇未起笑先聞。

黛玉連忙起身接見，賈母笑道：「你不認得他，他是我們這裡有名的一個潑皮破落戶兒，南省俗謂作『辣子』，你只叫他『鳳辣子』就是了。」

這是王熙鳳的「先聲奪人」，而這種「先聲奪人」正為我們展示了一個潑辣、敢作敢當，處事得體，但警覺性也非常高的「鳳辣子」。可見聲音大小與個人的性格有著緊密的關係，一般說話大嗓門、滔滔不絕的人，是外向型性格，似乎是怕對方聽不懂他的話而故意聲調調高，心理隱語為：「我希望你能充分理解我。」這類人支配欲較強，但大都較為正直，愛打抱不平。而說話聲音小的人則比較內向，不到一定的氛圍，是不會把自己內心的想法說出來的，彷彿那樣是在眾人面前被扒光了衣服一樣，讓其感覺不舒服。

從說話的聲音高低粗細可以看出一個人最基本的性格特徵，比如：

尖銳高亢的聲音

此類人說話時，如嗩吶或者喇叭發出的聲音，無所顧忌放聲說話，從不在意別人在說什麼，也許由於自己聲音過於尖銳高亢而聽不到別人在說什麼。此類人比較神經質，情緒起伏不定，愛恨分明。在心理學性格分析中屬「膽汁質」，濃烈而易怒。面對此類人應沉穩謹慎，表現出謙虛的態度即會獲得他的好感。

溫和舒緩的聲音

像小提琴發出的小夜曲。如果是女士，則表明其慢條斯理的個性，渴望情感表達，會根據周圍的環境來表達自己的情感，如演奏小提琴般收放自如。同小提琴跟較多樂器可以合作類似，此類人很有同情心，對於受困者絕不會坐視不理。如果是男士，如大提琴般沉穩溫和，表明其誠實、忠厚的個性，同時不會趨炎附勢討好別人，更不會聽風就是雨。

沙啞磁性的聲音

像「簫」一樣渾厚且語調綿長，正如「簫」只是一人吹奏，此類人非常獨立且富有個性。一般此類人在繪畫、音樂等方面具有不可多得的天賦，所以能夠敏銳地捕捉藝術靈感，正因為這樣也常常受人排擠，但是異性緣通常很好。對於這類人不要試圖去灌輸自己的思想觀念，否則會讓他對你有淺薄無知的印象。

粗重低沉的聲音

像「大鼓」在整個演出中的節奏掌控一樣，此類人粗重低沉的聲音也具有領導者的風範，性格樂善好施富有正義感，容易得到他人的信賴，交際範圍甚廣。如果是男士，隨著歲數的增長，會更加受到重視，因而較會獲得事業上的成功。

黏人甜膩的聲音

長時間聽這類聲音會產生不舒服感，所以沒有一種樂器發出這類聲音。女士發出「嗲嗲」的聲音是想得到對方的喜愛，但是殊不知過多的黏膩會讓人感覺不舒服。如果有男士發出這樣的聲音，那麼也許他的父母從小把他當女孩養了，造成他優柔寡斷，顧影自憐的女性性格。

認真傾聽，不放過任何一個有用的資訊

我們的聽覺不僅僅是一種感覺，它是由四種不同層面的感覺組成的：生理層、情緒層、智力層和心靈層。眼睛和耳朵是思維的助手，通過它們我們可以感覺到真正的意味。當它們「動作」協調時，我們就能夠真正聽到別人在說些什麼，而不是草率地聽。——哈佛箴言

人的能力畢竟有限，肯定有許多東西是我們個人所無法瞭解的，通過傾聽別人的談話，我們可以獲取許多有用的資訊，可以分享他們的知識和經驗，為我們的思考提供幫助。

一九五一年，威爾遜帶著母親、妻子和五個孩子，開車到華盛頓旅

行，一路所住的汽車旅館，房間矮小，設施破爛不堪，有的甚至陰暗潮濕，又髒又亂。

幾天下來，威爾遜的母親抱怨地說：「這樣的旅行度假，簡直是花錢買罪受。」

善於思考問題的威爾遜聽到母親的抱怨，又通過這次旅行的親身體驗，得到了啟發。他想：「我為什麼不能建立一些便利汽車旅行者的旅館呢？」

經過反覆琢磨，暗自給汽車旅館起了一個名字叫「假日酒店」。

想法雖好，但沒有資金，這對威爾遜來說，確是最大的難題。拉募股份，但別人沒搞清楚假日酒店的模式，不敢入股。威爾遜沒有退縮，心中只有一個念頭，必須想盡辦法，首先建造一家假日酒店，讓有意入股者看到模式後，放心大膽地參與募股。

遠見卓識、敢想敢幹的威爾遜，冒著失敗的風險，果斷地將自己的住房和準備建旅館的地皮作為抵押，向銀行借了三十萬美元的貸款。

一九五二年，也就是他旅行的第二年，終於在美國田納西州孟菲斯市夏日大街旁的一片土地上，建起了第一座假日酒店。五年後，他將假日旅館開到了國外。

傾聽別人說話，是處世中必不可少的內容。能夠耐心聽別人說話的人，必定是一個富於思想的人。威爾遜就是一個有思想的人。他的成功，在於他能注意傾聽別人的談話。

我們在吸取他人有益的思想時，必須做的事就是要像威爾遜那樣，學會傾聽，聽別人說什麼，從他人的語言中提煉有價值的資訊，便於自己思考時使用。

我們的聽覺不僅僅是一種感覺，它是由四種不同層面的感覺組成的：生理層、情緒層、智力層和心靈層。眼睛和耳朵是思維的助手，通過它們我們可以感覺到真正的意味。當它們「動作」協調時，我們就能夠真正聽到別人在說些什麼，而不是草率地聽。

做一個耐心的傾聽者要注意六個規則：

規則一：**對講話的人表示稱讚**。這樣做會造成良好的交往氣氛。對方聽到你的稱讚越多，他就越能準確表達自己的思想。相反，如果你在聽話中表現出消極態度，就會引起對方的警惕，對你產生不信任感。

規則二：**全身注意傾聽**。你可以這樣做：面向說話者，同他保持目光的親密接觸，同時配合標準的姿勢和手勢。無論你是坐著還是站著，與對方要保持在對於雙方都最適宜的距離上。我們親身的經歷是，只願意與認真傾聽、舉止活潑的人交往，而不願意與推一下轉一下的石磨打交道。

規則三：**以相應的行動回答對方的問題**。對方和你交談的目的，是想得到某種可以感覺到的資訊，或者迫使你做某件事情，或者使你改變觀點，等等。這時，你採取適當的行動就是給對方最好的回答。

規則四：**別逃避交談的責任**。作為一個聽話者，不管在什麼情況下，如果你不明白對方說出的話是什麼意思，你就應該用各種方法使他知道這一點。比如，你可以向他提出問題，或者積極地表達出你聽到了什麼，或者讓對方糾正你聽錯之處。如果你什麼都不說，誰又能知道你是否聽懂了？

規則五：**向對方表示理解**。這包括理解對方的語言和情感。有個工作人員這樣說：「謝天謝地，我終於把這些信件處理完了！」這就比他簡單說一句「我把這些信件處理完了」充滿情感。

規則六：**要觀察對方的表情**。交談很多時候是通過非語言方式進行的，那麼，就不僅要聽對方的語言，而且要注意對方的表情，比如看對方如何同你保持目光接觸、說話的語氣及音調和語速等，同時還要注意對方站著或坐著時與你的距離，從中發現對方的言外之意。

再列舉六點令人滿意的聽話態度：

1. 適時反問。
2. 及時點頭。
3. 提出不清楚之處並加以確認。
4. 能聽出說話者對自己的期望。
5. 輔助說話的人或加以補充說明。

哈佛大學口才課大公開
一句關鍵話決勝於無形

作者：梁山水
發行人：陳曉林
出版所：風雲時代出版股份有限公司
地址：10576台北市民生東路五段178號7樓之3
電話：(02) 2756-0949
傳真：(02) 2765-3799
執行主編：朱墨菲
美術設計：吳宗潔
行銷企劃：林安莉
業務總監：張瑋鳳

初版日期：2020年12月
版權授權：馬峰
ISBN：978-986-352-901-9

風雲書網：http://www.eastbooks.com.tw
官方部落格：http://eastbooks.pixnet.net/blog
Facebook：http://www.facebook.com/h7560949
E-mail：h7560949@ms15.hinet.net
劃撥帳號：12043291
戶名：風雲時代出版股份有限公司

風雲發行所：33373桃園市龜山區公西村2鄰復興街304巷96號
電話：(03) 318-1378
傳真：(03) 318-1378
法律顧問：永然法律事務所 李永然律師
北辰著作權事務所 蕭雄淋律師

行政院新聞局局版台業字第3595號 營利事業統一編號22759935

定價：280元

國家圖書館出版品預行編目資料

哈佛大學口才課大公開 / 梁 山 水 著. -- 初版. --
臺北市：風雲時代，2020.11 面；公分

ISBN 978-986-352-901-9（平裝）

1.口才 2.說話藝術 3.人際關係

192.32 109014013